# ワークルール
# 教育のすすめ

## 道幸哲也

Tetsunari doko

旬報社

## はじめに

### なぜ「ワークルール教育」か

「労働法」教育ではなく、なぜ「ワークルール」教育か。まず、この点から説明したい。

その理由は、このテーマに取り組む実践的意義の違いに由来する。

労働法学は、職場や労働をめぐる法がどのような規制をしているかを理論的に解明することを目的とし、労働法教育もこの理論面を教育することを主目的とする。条文や判例法理の「実務的な」学び・教育といってよい。実務的とは最終的には裁判所で使えることを意味し、法学部レベル、司法関係の専門家レベルが主に想定される。

それに対し、ワークルール教育は、それを学ぶ目的が職場において働く主体が自らの権利を実現するという実践的目的をもち、教育はそのためのものになる。具体的には次の点に留意している[1]。

その1として、学ぶ対象は働くことに関連するあらゆる事象に及ぶ。子育てや自分の病気との関連で働き続けるためのルールなど、労働法以外の社会保障法に関連する事項も対象となる。

その2として、教育内容は働くさいに知っておくべき法的な知識・考え方なので、あらゆる働く人を対象にする。一般市民が理解しやすくわかりやすい表現、概念で説明する必要がある。実際には、主に学校教育（中学校・高等学校）でおこなうことが想定される。

その3として、個々の主体がどうしたら実際に権利主張ができるかに配慮する。そのためには、前提として法的なルールの特徴や労働法の全体像の知識が必要であり、それをふまえて「具体的紛争の解決」に着目する。具体的には、①問題の発見・認識、②関連する法的ルールの把握、③権利実現の手立て、についての検討が必要になる。

その4として、具体的紛争をめぐる以上の検討は、主に対立構造での議論を通じておこなう。対立する議論を通じて、なにが問題か、どのような利害が対立しているか、どのようにそれを調整・解決するかを学ぶ。重要なのは、労使紛争の解決とは何か、解決の意味、さらに法的なレベ

ルの限界についてまで配慮することである。「労働法」的な議論ではな
かなかここまでの検討は難しい。ここでは、実際に働く主体としての市
民的感覚が重要視される。

　その5として、権利実現の観点から既存の判例法理（実務）に対する
批判的な視点も身につけることも目的とする。これは、労働法制に対す
る社会的な評価・改正運動の基盤となる。

　全体として、アクティブラーニングの労働法版といえるかもしれない。
もっとも、実際にこのようなワークルール教育の担い手をどう養成する
かという大問題は残されているが。

### ワークルール教育への個人的な接近

　職場において労使に対し適切なワークルール教育はなされているか。
なぜそれが社会問題にならないのか、なぜ労働界、教育界、政治家さら
に労働法研究者もこの点につき発言しないのかは大きな疑問であった。
そこで、自分なりにワークルール教育に関する研究を開始するとともに、
北海道労働審議会の経験を踏まえて2007年10月に、ワークルール教育
を目的として「NPO法人職場の権利教育ネットワーク」を立ち上げた。
さらに、2013年にはワークルール検定を開始し、労働組合や労働諸団
体と連携・協力して2014年10月に「一般社団法人日本ワークルール検
定協会」が結成された。同検定の全国展開を試みており、2020年には
全都道府県で実施の予定である。

　ここでは、一連の活動をふまえてワークルール教育に私がどうかか
わってきたか、そのアウトラインを紹介したい。権利教育への関心は、
研究・教育や実務的な経験を通じて以下のように形成されており、労働
法研究者としての問題関心がその基盤にあった。なお、これらの試みを
通じてもった個人的感想・印象については後ほど述べることとする。

　**研究・教育による関心**　　私の研究対象は修士論文から不当労働行為制
度が中心であった。この分野では、法理を研究・構築するためには、実
際の労使関係の知識が不可欠であり、職場実態にも興味をもたざるをえ

なかった。法学の視点だけで労使関係法を理解・研究することは困難であるからに他ならない。最近、労働法学会で組合法の研究者が少なくなってきたのは、組合のプレゼンスが弱体化したことと同時に生の労使関係に対する研究者の関心が失われてきたためといえる。

　また、1995年頃より労働契約、とりわけ職場における労働者の自立やプライヴァシーについても興味をもつに至った（拙著『職場における自立とプライヴァシー』日本評論社、1995年）。集団法の基盤として個人の強さ・自立にも注目したからであり、個人の自立と集団法との在り方は永遠の課題といえる（たとえば、拙著『労働組合法の応用と課題』日本評論社、2019年）。この過程で、労働者の自立の観点から労働法教育や権利教育の必要性について発言する機会も増えた（拙稿「権利主張の基盤整備法理」季刊労働法207号〈2004年〉、その後拙著『成果主義時代のワークルール』旬報社、2005年、収録、「労働法教育の課題」日本労働法学会誌107号〈2006年〉）。また、実践的試みとして『15歳のワークルール』（旬報社、2007年）、『教室で学ぶワークルール』（旬報社、2012年）を出版した。

　また、社会的関心の高まりを踏まえて比較的最近に以下の論考を発表している。「ワークルール教育の課題」季刊労働法244号（2014年）4頁、「権利主張を支えるワークルール教育（一）（二）（三）」労働法律旬報1837号42頁、1838号30頁、1839号44頁（2015年）、「なかなか進まないワークルール教育」労委労協724号（2017年）14頁、「権利実現のためのワークルール教育」労働法律旬報1903・04号（2018年）45頁等。本書はこれらをまとめたものでもある。

　教育レベルにおいては、大学および大学院で労働法・労働法演習等を担当し、とりわけ労働法演習はその時代の若者と直接接触する貴重なチャンスであった。彼らの問題関心・労働に関する知識（のなさ）、就職や卒業後の職場実態を知るよい機会といえた。北海道大学の定年後には放送大学で主に社会人教育に従事した。法学の基礎知識をもたないが、社会経験が豊富な大人に労働法を教える貴重な機会となった。

　研究者教育の場としては大学院生や研究者等を対象とする研究会がある。北大労働判例研究会では、ほぼ毎週、最近出された労働判例を精力

的に取り上げていたので、変容する労務管理と職場の実態を紛争を通じて知ることができた[2]。労働判例研究を通じて、労使双方にとって法的な知識が必要なことを強く理解した。とりわけ、紛争解決とともに紛争回避の視点やスキルを知るよい機会となった。

**実務経験から**　権利教育の必要性については、労使紛争処理や労働相談での実務体験からも学んだ。実務経験は、学校しか知らない教師にとっては社会経験・修行の貴重な機会でもあった。1982年から北海道労働委員会の公益委員となり、30年以上のキャリアをつんだ。集団紛争は労働組合が関与しているので組合サイド、特に上部組織に一定の法的知識や経験があるケースが多かった。むしろ使用者のほうが法的知識に欠ける場合が多く、さらに経営者の団体に加入していなければ孤立していることさえあった。労組法に関する無知が無用の労使紛争を招来せしめ、不当労働行為をおこなう原因ともなった。同時に、無知ゆえに使用者が適切な交渉ができず、組合のいいなりに協約を締結している例もあった。適切な理解にもとづかない安易な「解決・和解」が事後の紛争の遠因ともなることも少なくなかった。

　さらに2001年から、労働組合が関与しない個別紛争の斡旋的処理も労働委員会の権限となり、この種事案では、労使とも法的知識に欠ける場合が多く、適切な自主解決は困難であった。適切な解決をするためには、ワークルールの教示と理解が不可欠といえる。ワークルールの知識がないために無用な紛争が生じる一方、紛争さえ生じない異常な事態があることも知ることができた。なぜ、紛争化しないかの解明はワークルール教育の最大の課題といえる。労働委員会では、北海道労働委員会で判例研究会を立ち上げ職員・委員研修をかなり積極的におこなってきた。

### この本を書いた目的

　ワークルール教育に関する議論が活発になり、関連する文献も少なくない。ではなぜこの本を書いたのか。基本的に次の4つの目的がある。

その1は、実践記録を残すためである。一応研究論文めいたものを書いているが、このテーマについては、研究者というより主に実践的社会的活動として関与してきた。私がどのような関心から、またどのような課題に直面したかを明らかにすることは今後の活動に向けてそれなりに意味のあることと思われる。

その2は、ワークルール教育に関する理論的な課題を明らかにするためである。具体的には、①ワークルール教育の必要性、②労働者の権利実現の仕組み、③ワークルール教育の具体的な内容、教育方法、④ワークルール自体の在り方、等の解明といえる。「解明」と偉そうに表現したが、現時点ではそれ以前に論じるべき事項の確認と問題関心の社会的共有が実現できればと思っている。

その3は、ワークルール教育が必要とされる職場（閉塞）実態を、最近の裁判例を対象に明らかにするためである。とりわけ、近時権利主張をしたことを理由とする処分等の事案が増加するとともに、使用者が裁判システムを通じて権利を抑圧するケースも少なくない。それだけ、ワークルールの知識をもつ必要性が増したといえる。

その4として、日本ワークルール検定協会の啓発活動の一環でもある。同協会では、主要事業としてワークルール検定を実施しており、関連書籍（『ワークルール検定問題集』『ワークルール検定初級テキスト』『ワークルール検定中級テキスト』）も刊行している。本書はワークルール検定の基盤となるワークルール教育の必要性を論じている。しかし、知っておくべきワークルールの内容全般については直接取り扱っていない。これらのワークルールについては前述のテキスト等を参照にされたい。高校生・大学生バイト、大学生就活、新入社員、非正規、中堅社員、中間管理職、中小経営者、それぞれにこの程度のワークルールの知識を身に付けておくべきものと考えている。

なお、日本ワークルール検定協会は、今後、より具体的なワークルール知識の獲得を求める方々のために、連続講座、業種の違いなど企業や組合の特性に合わせた講習、雇用形態や職種の違いに合わせた講習、大学や高校生などを対象とする「出前授業」などにも取り組んでいくこと

を検討している。

**本書の構成**

　本書の構成は、第Ⅰ部でワークルール教育の基礎知識として、ワークルール教育の基本的な特徴を検討し、この問題に関する私個人の実践的な取り組みとともに社会的機運がどのように醸成してきたかも紹介する。第Ⅱ部では、権利主張に対する職場の抑圧システムを近時の裁判例を対象に検討する。ワークルール教育の必要性を示すためである。ここで特に注目すべきは、判例法理以上にこのような紛争が生じている事実自体である。第Ⅲ部では、ワークルール教育を具体的に構築する場合に検討すべき論点を明らかにし、若干の私見も述べた。さらに、より本格的な論議のために乗り越えるべき課題にも触れた。

1) ワークルール教育の課題については、拙稿「ワークルール教育の課題」季刊労働法 244 号（2014 年）4 頁、同「労働法教育の課題」日本労働法学会誌 107 号（2006 年）153 頁、「ワークルール教育シンポジウム」労働法律旬報 1861 号（2016 年）等参照。ワークルール教育促進法については、シンポジウム「ワークルール教育を考える」季刊労働者の権利 303 号（2014 年）39 頁参照。また、ワークルールのテキスト作成の試みとして、拙著『15 歳のワークルール』（旬報社、2007 年）、同『教室で学ぶワークルール』（旬報社、2012 年）、日本ワークルール検定協会編『ワークルール初級テキスト』（旬報社、2015 年）等参照。
2) 研究会の位置づけについては、拙稿「土曜の午後なのにどうして労働判例研究会に出なければならないの」労働法律旬報 1420 号（1997 年）、「『労働判例研究』のフィールドとしての『北大労働判例研究会』」法律時報 80 巻 10 号（2008 年）。

# 目次

# 第 I 部

# ワークルール教育への
# 社会的関心

多くの人が社会的に必要だと思っていても、適切な論議がなされていないテーマは少なくない。ワークルール教育の必要性はその典型である。もっとも、ワークルールとはなにか、ワークルール教育の意義や内容、必要性をどうとらえるかは必ずしもはっきりしない。そこで第1部では、論議の共通の認識を得るために、ワークルール教育への社会的関心がどのように形成されてきたかを多様な側面から紹介したい。

　具体的には、1章では、ワークルール教育の基礎知識編として、権利実現の仕組みと関連づけてワークルール教育の必要性を論じるとともに学校における実際の教育内容について紹介したい。同時に、働き方や生き方との関連でワークルール教育をどう位置付け利用するかについても考えてみた。各人にとって身近な問題であることを示すためである。

　2章では、私個人のワークルール教育への出会いや社会活動について紹介している。法学教育や高校への出前授業や社会活動を通じて、感じたその都度の印象についてもふれており、個人レベルの問題関心の形成史ともいえる。

　3章では、ワークルール教育の必要性についての社会的機運がどのように醸成されてきたかを論じた。とりわけ、2009年厚労省報告書と「ワークルール教育推進法案」の動きが重要である。2020年2月現在同法案が実際に立法化されるか否かははっきりしないが、社会的に注目を浴びていないことはもっと問題と思われる。

# 第1章　ワークルール教育の基礎知識

## 1　ワークルール教育とはなにか

　近時ワークルール教育の必要性が社会的に認められるようになってきたが、ここではワークルール教育を議論するさいに前提として知っておくべき基本的事項を確認しておきたい。

### (1) なぜワークルール教育の必要性が高まったか

　労働法教育の必要性はそれなりに指摘されていたが、10年ぐらい前から「ワークルール教育」として活発に議論され始めている。では、なぜ教育の必要性が高まってきたか。

　第1は、多様でかつ身近な労働問題の発生である。

　その割合が増加している非正規労働者に関しては、雇用不安や低賃金問題、とりわけ有期雇用の更新拒否や非正規と正規労働者との賃金格差をめぐる紛争が急増している。正規労働者についても長時間労働やメンタル不調、さらに過労死・自殺等をめぐる労働紛争は日常化しつつある。最近では、若年労働者や学生についてのブラック企業・ブラックバイト問題も注目を浴びている。労使紛争は誰にとっても起こりうる日常的な現象になっており、各自が関連するワークルールの知識をもつことが要請されている。

　とりわけ、労働契約法の成立にともない労働契約をめぐる紛争が増加している。個々人の権利が争われるので、各人がワークルールの知識をもつことが不可欠となっている。同時に見逃せないのは、個々人の権利主張が当該個人だけではなく職場の同僚のそれに密接に関連することが理解され始めたことである。ワークルールの実現はそのような拡がりを

もち、労務管理の有り方の見直しに連なるからである[1]。

第2は、ワークルール自体の複雑化であり、その理解のためには一定の体系的な教育と知識が不可欠となっている。

たとえば、労働者派遣や労働時間法制がその典型といえる。また、雇用終了やハラスメント事案を中心に多様な裁判例がだされているが、それを適切に理解することも必ずしも容易ではない。個々人がネットや文献で関連情報を入手し得たとしても、それを理解し、活動するためにはどうしても体系的な学習と教育が必要である。

第3は、日本的経営の見直し等によって、人事管理がドライになり職場内において対立・紛争が発生しやすくなっていることである。同時に、労使の自主解決能力が低下したために、労使の対立が容易に紛争化しやすくなっている。

まず、個人レベルでは、対立した場合の調整・コミュニケーション能力の低下が顕著であり、対立の初期段階において相互の話し合いで円満に解決することが難しくなっている。学校教育や就活ではコミュニケーション能力は重視されているが、必ずしも対立構造を前提としたものではなく、相手（実際は会社）に寄り添う態度が重視されている。これでは紛争化した場合に自分を守ったり適切に「自主」解決することは難しい。我慢をするか退職するかの二者選択になりがちである。

さらに企業内では、労務管理の個人化、能力主義化等により孤立化がすすみ、同僚との結びつきや連携よりも競争関係が重視されるようになっている。また、従業員の不満をすいあげる上司の役割や組合機能も低下しているために、職場内での対立は容易に紛争化しやすくなっている。とりわけ、最近増加しているセクハラ・パワハラ事案については上司が当事者なのでそういえる。また、プライヴァシーや私生活重視の風潮は、他人に対する関心や配慮を失わせている。職場における自立の影の側面といえる[2]。

第4は、2000年前後を通じて、個別紛争の増加に対処するために労働局の個別斡旋、労働委員会の個別斡旋、労働審判制度など企業外の紛争解決機構は整備・充実してきたために、企業内での自主的な解決より

も紛争の外部化が促進されることになった。

　全体として、早期の自主解決のためには個々人が紛争解決基準としてのワークルールを的確に知り、主張することが必要になっている。このような要請は、労働者についてはもちろん使用者サイド、とりわけ現場の管理者・店長についてもあてはまる。ハラスメントに関するワークルールは部下との接し方、距離の取り方を図るため、労働時間に関するそれは適切な労務提供を実現するための不可欠な知識といえる。

### (2) 権利実現の仕組み

　ワークルール教育は、労働者の権利実現を図ることを主目的とする。では、どうやったら権利の実現が可能か。それは次の5つの側面から考えることができる。

　第1は、具体的権利内容を規定する以下の実定法である。

　いわゆる法律である。とりわけ、労働基準関係の立法が重要であり、ほとんどが強行規定なので知る必要性も高く、ネットで容易に調べることができる。

　①労働契約に関する基本法たる労働契約法である。労働契約法には、労使対等な立場での労働契約の締結、契約の履行が信義に従うべきこと等、さらに解雇や懲戒に関する定めがある。また、就業規則と労働契約との関連についても定めている。②以下の諸立法も、そこで定める基準が労働契約の内容になることにより労働契約の問題になる。また、民法の関連規定（90条、93-96条、709条等）も労働契約の解釈のさいに考慮される。

　②労働条件に関する立法である。働くさいの労働条件と労働者の健康・私的な生活を擁護する目的をもつ。

　その1として、賃金につき、最低賃金法や賃金支払い確保法がある。最低賃金法により、都道府県ごとに最低賃金が定まっている。賃金支払い確保法は、企業倒産時に未払い賃金について国が立て替え払いすることなどを規定している。支給要件や額については労働基準監督署に相談するとよい。

その2として、労働時間につき、労基法が1日8時間、週40時間の最長労働時間を定めている。同時に、多くの適用除外、緩和規定がある。2018年の働き方改革関連法により大幅な修正がなされている。

その3として、労災・安全衛生につき、労基法、労働者災害補償保険法、労働安全衛生法等がある。中心となるのが労働者災害補償保険法であり、労災に対し社会保険としての給付を定めており、通勤災害についても独自に補償をしている。

その4として、育児・介護につき、育児介護のための休業を保障する育児介護休業法があり、働き続けるためのワーク・ライフ・バランスを実現する法律といえる。

③特定の労働者に着目する立法である。

その1として、特定の雇用形態を前提としたものとして、家内労働法、労働者派遣法、パートタイム労働法がある。2018年に働き方改革関連法の一環として「パート・有期雇用労働法」が成立し、2020年から施行される。

その2として、特定の労働者グループを対象としたものとして、障害者雇用促進法、男女雇用機会均等法、高年齢者雇用安定法がある。

④雇用保障に関するものである。

その1として、解雇について労働契約法16条は相当な理由のない解雇を禁止している。同時に多くの立法で多様な差別的な解雇を禁止している（労基法3条、労組法7条等）。

その2として、職業安定法が職業指導や職業紹介について、また雇用保険法が失業保険について規定している。

⑤個別労働紛争の処理・解決に関するものである。「個別」というのは労働組合が関わらないという意味である。労働局における個別労働関係紛争解決については同促進法が、また裁判所における解決については労働審判法が規定している。その他に、各地の労働委員会においても個別労働紛争の斡旋をおこなっている。

⑥集団的労働関係に関する法である。労働組合活動を保障する不当労働行為制度や団交、協約に関しては労働組合法が、また、労働争議の調

整・解決を目的とするものとして労働関係調整法がある。

　第2は、権利を実現する機構・手続きである。

　企業内において独自の相談体制や苦情処理制度があるがそれが適切に利用されているかははっきりしない。企業外組織として種々の相談体制以外に、労働局や労働委員会による個別斡旋制度、労働審判さらに裁判所等が整備されている。

　以上の実定法や各種の紛争処理制度はかなり整備されている。ただ、それらを適切に利用するためには、第3以下の諸事項にも留意する必要がある。「労働法」の講義ではあまり重視されていないが、実践的なワークルール教育の立場からはこちらのほうが重要といえる。

　第3は、法に関する知識や情報である。

　権利について知らなければ「権利主張」ができないのは当然である。条文や主要な裁判例、さらにそれを実現する仕組みを実際に知る必要があり、そのためには一定の体系的学習も必要とされる。まさにワークルール教育の目的といえる。

　同時に、労働法だけではなく、自分の労働条件や就業規則についても知る必要がある。そのためには、雇用条件通知書、労働契約書、会社の就業規則等を入手して、内容を理解することが重要である。その理解を深めるために、労働契約法4条は、「使用者は、労働者に提示する労働条件及び労働契約の内容について、労働者の理解を深めるようにするものとする。2項　労働者及び使用者は、労働契約の内容（期間の定めのある労働契約に関する事項を含む。）について、できる限り書面により確認するものとする。」と定めている。また、労基法106条は、就業規則を労働者に周知することを使用者に義務づけている。

　第4は、権利意識である。

　権利をわがものにし置かれた状況で実際に行動を起こす資質といえる。そのためには、権利についての理解、それを他人に適切に伝えるコミュニケーション能力、さらに対立をおそれない態度が必要とされる。この点がワークルール教育のポイントとなるが、学校的世界ではもっとも教えにくいことでもある。

職場において不満がある場合にそれを適切に上司に伝えることは必ずしも容易ではない。使用者と対立するのはもっと大変であり、不満を外部に持ち出すことは想定外かもしれない。しかし、権利実現の観点からは具体的な行動を起こす資質は不可欠である。ある種の勇気、正義感といえる。もっとも、大声でがなりたてることが権利主張を意味するわけではなく権利主張の仕方の工夫が必要な場合は少なくない。ここでこそ適切なコミュニケーション能力が要請される。

　第5は、権利行使を支援する社会的仕組み・支援である。

　権利行使は個人の主体的行為に他ならないがそれを社会的に支える労働組合や外部の団体（労働NPO）の役割、さらに同僚の支援や新聞報道も重要である。また、権利行使を促進する仕組みとして、特定の権利行使や申立・申請をしたことを理由とする不利益取扱いを禁止する規定の存在も重要である。たとえば労基法104条は、労基法違反の申告をしたことを理由とする解雇等の不利益取扱いをすることを禁止している。

　実際に、権利主張をする者を協調性がないとして排除する傾向があるので社会的支援はきわめて重要である。個人レベルで権利主張をする資質がなかなか形成されない理由のひとつは、権利主張にたいする寛容的態度が社会的に確立していないことにあると思われる。最近の裁判例からもそれがうかがわれる。KYや同調圧力は若い世代ほど強力ともいわれている。

　以上の諸側面のうち、第1と2は制度的仕組みの整備である。第3と4は個人的資質・能力の向上であり、第5は社会的支援といえる。法学教育では、もっぱら第1と2の制度的仕組みを学ぶことになる。しかし、権利の実現となると、第3以降が重要になる。これらは大学も含めた学校教育ではほとんど教えられていない。ワークルール教育はこのような基本認識から出発すべきである。

### (3) いかなる選択肢があるか

　先に指摘したように、近時の労使関係の特徴として個別化現象が顕著である。この労使関係の個別化さらに労働者の孤立化を乗り越える方策

との関連で権利実現の在り方やワークルール教育のニーズについてもふれておきたい。生き方、働き方につき個人レベルでいかなる選択肢を想定しうるかの問題に他ならない。

その1は、個別化にそれなりに、もしくは正面から対処することである。労働力としての品質向上のためにキャリア形成や健全な自助努力に努めるのは、一応望ましい働き方といえる。同時に、契約主体としての自立を図るためには法的な自衛が必要になり、ここに強い個人を前提にしたワークルール教育が要請される。

その2は、個別化にともなう弊害を個人レベルで回避・除去する働き方である。自らの権利を守りつつ孤立化に対処する手段でもあり、次のような方策が考えられる。ここでもワークルール教育は不可欠である。

具体的には、①個別化をある意味で積極的に利用するマイペース戦略である。ワーク・ライフ・バランスや余裕をもった働き方を追求することである。企業に取り込まれず、同僚にわずらわされない個人中心の生き方の問題となる。「孤立」を楽しむともいえる。

②個別化を消極的に受け入れつつも普通（人並み）に働き、自分を守るために法的なコンプライアンスの実現を個人レベルで（そこそこ）図ることである。「普通の人」パターンともいえようか。個人レベルの対応であっても、職場において共通のルールを確保するという機能があるので集団化の契機ともなりうる。

その3は、集団化によって交渉力を強化し個別化を乗り越えることである。この集団化の主体に着目すると、労働組合、それ以外に過半数代表制や従業員集団（仕事仲間）さらにNPO等が考えられる。もっとも、個別化の意義（個人の自立）をどう考えるか、どう乗り越えるかの問題にも直面する。集団化しても孤立する事態があるからである。個人の自立と組織内民主主義の実現は集団法の永遠の課題といえる。

### (4)「ワークルール」教育までの前史

労働者に対する戦後の労働法教育はどのようになされてきたのか。2000年代初頭以降の動向については後述することとして、それ以前の

状況を紹介しておきたい[3)]。

　第1期は、終戦直後からほぼ10年間の労働教育行政である。当時の労働政策に決定的な影響があったGHQ労働諮問委員会の最終報告書は、労働組合運動が活発になったにもかかわらず組合の役割についての無理解から紛争が頻発しているとして関係者へ労働運動の在り方について教育が必要であると指摘している。1947年に発足した労働省でも労政局の中に「労働教育課」が設置され、主に労働組合および労働関係に関する教育がなされた。学校教育や各労働団体においても労働教育が活発になされた。ただ労働省レベルの教育内容は、労働運動の「健全化」を主目的としたものといわれる。

　第2期は、労働教育の外部化であり、1959年に労働教育課の廃止にともなった特殊法人日本労働協会がそれをになうこととなった[4)]。同協会は、労働問題の各分野に関する基礎的かつ体系的な調査研究による知識の普及の観点から各種の労働講座を企画・運営した。1990年に雇用職業総合研究所と合併し日本労働研究機構となり、その後労働研修所と併合し日本労働政策研究・研修機構となって現在に至っている。

　第3期は、2000年前後を通じた「法教育」出現の時期である。もっとも、法教育では主に憲法、民法、刑法等が中心でありワークルール教育はそれほど重視されなかった。労働法教育としては、司法制度改革との関連で法曹教育、ロースクール教育について学会誌を中心に活発な議論がなされていた[5)]。

　法曹教育とともに、研究者養成の在り方も議論され始めたが、この点は学界の在り方も含め停滞している[6)]。

　第4期は、2009年の厚労省の報告書「今後の労働関係法制度をめぐる教育の在り方」が発表された後の動きである。この点は後述したい。

## 2　実際の教育内容

　実定法上学校におけるワークルール教育を直接基礎づける規定は存在しないが、関連規定として以下が重要である。

### (1) ワークルール教育の関連規定

　その1は、教育基本法であり、第2条で「教育は、その目的を実現するため、学問の自由を尊重しつつ、次に掲げる目標を達成するよう行われるものとする。」とし、2号で「個人の価値を尊重して、その能力を伸ばし、創造性を培い、自主及び自律の精神を養うとともに、職業及び生活との関連を重視し、勤労を重んずる態度を養うこと。」を、3号で「正義と責任、男女の平等、自他の敬愛と協力を重んずるとともに、公共の精神に基づき、主体的に社会の形成に参画し、その発展に寄与する態度を養うこと。」をあげている。

　また、学校教育法42条は、「高等学校における教育については、前条の目的を実現するために、左の各号に掲げる目標の達成に努めなければならない。」とし、2号で「社会において果さなければならない使命の自覚に基き、個性に応じて将来の進路を決定させ、一般的な教養を高め、専門的な技能に習熟させること。」を、3号で「社会について、広く深い理解と健全な批判力を養い、個性の確立に努めること。」をあげている。

　なお、2007年に21条「義務教育として行われる普通教育は、教育基本法（平成十八年法律第百二十号）第五条第二項に規定する目的を実現するため、次に掲げる目標を達成するよう行われるものとする。」の中に、10号「職業についての基礎的な知識と技能、勤労を重んずる態度及び個性に応じて将来の進路を選択する能力を養うこと。」が追加された。

### (2) 学校教育

　このような観点から、仕事や労働についての学校教育は次のようになされている。

　小学校や中学校（公民・家庭・総合学習）でもなされているが、ある程度体系的に展開されているのは高校段階である。そこでは、社会人としての資質涵養の観点から、豊かな人間性や基礎・基本を身に付けさせ、個性を生かし、自ら学び自ら考える力などの「生きる力」を培う（平成

11年3月告示高等学校学習指導要領第1章総則・第1款教育課程編成の一般方針参照）ことが強調されている。具体的には①普通教育における教科・科目での学習、②総合的な学習の時間での学習が中心となり、授業以外にも職場体験学習・インターシップも重視されている。また、③進路指導においても一定の労働教育がなされている。

　普通教育における学習は、公民科を中心とする。「現代社会」では、「現代の経済社会と経済活動の在り方」において「雇用と労働問題」として論じられている。「倫理」では「現代に生きる人間の倫理」において「社会参加と奉仕」「自己実現と幸福」として取上げられている。「政治・経済」では、「現代社会の諸課題」において「労使関係と労働市場」として論じられている。もっとも詳細なのは「政治・経済」であり、わが国の労使関係の特徴や労働問題の展開等を検討しており、職場における労働者の権利・義務についてまで対象としている例もある。また、「家庭科」でも身近な形で労働問題を検討している。

　以上の普通教育以外に、職業教育課程においても労働の問題が論じられている。学習指導要領では、実験、実習、就業体験が重視されている。

　実際的な労働教育の機会として総合的な学習も注目される。総合学習の趣旨は、「地域や学校、生徒の実態等に応じて、横断的・総合的な学習や生徒の興味・関心等に基づく学習など創意工夫を生かした教育活動を行うもの」とされる。具体的なテーマは、国際理解、情報、環境、福祉・健康が多いが、自己の在り方生き方や進路について考察する学習活動もなされている。たとえば、「ライフプラン」として社会人へのインタビューを通じる職業理解やインターシップが試みられている。

　進路指導、とくに高校におけるそれは、大学等の受験対策とともに職業指導・就職指導としてもなされている。最近では進学指導も就職を念頭に置いた指導という側面が重視されている。学校教育法も高校の教育目標の一として、「社会において果たさなければならない使命の自覚に基き、個性に応じて将来の進路を決定」させるべきことをあげている（42条2号）。

　以上の諸学習以外にも、学校行事や生徒会活動等の特別活動を通じて

「望ましい勤労観・職業観」の育成につとめている。それらを総合したキャリア教育の重要性は最近も強調されている。たとえば、「キャリア教育の推進に関する総合的調査研究協力者会議報告書」は、キャリア教育が求められる背景として、学校から社会への移行をめぐる課題として、①就職・就業をめぐる環境の激変、②若年自身の資質（勤労観・職業観の未熟さ）を、子どもたちの生活・意識の変容として、③成長・発達上の課題（精神的・社会的な自立のおくれ）、④高学歴社会におけるモラトリアム傾向を、あげている。また、キャリア教育の基本的方向として、①一人ひとりのキャリア発達への支援、②「働くこと」への関心・意欲の高揚と学習意欲の向上、③職業人としての資質・能力を高める指導の充実、④自立意識の涵養と豊かな人間性の育成、をあげている。具体的方策として「社会や経済の仕組みについての現実的理解の促進等」などが示され、権利教育の必要性について、「労働者としての権利・義務、相談機関等に関する情報・知識などの最低限の知識の習得」もあげられている。「最低限の知識」というのが印象的である。具体的には、「キャリアを積み上げていく上で最低限持っていなければならない知識、例えば労働者（アルバイター、パートタイマー等を含む）としての権利や義務、雇用契約の法的意味、求人情報の獲得方法、権利侵害等への対処方法、相談機関等に関する情報や知識等」の習得を重視している。

　それをうけて政府は 2003 年 6 月に「若者自立・挑戦プラン」をとりまとめ、文科省ではその一環としてキャリア教育総合計画として、①小学校段階からの勤労観、職業観の醸成、②企業実習と組み合わせた教育の実施、③フリーターの再教育、④高度な専門能力の養成、等の実施を試みている。

　キャリア教育の必要性は、文科省以外に厚労省においても強調されている。「若年者キャリア支援研究会報告書」は、若年者に対するキャリア形成支援施策として、①雇用機会や実習機会の拡大、②労働市場システムの整備、③多様な教育訓練機会の確保、④職業観、勤労観の醸成、をあげている。ここでは、キャリア形成のみが重視され、労働に伴う権利については問題関心すら示されていない。同時に、労働組合について

もまったくまったく触れていないのが注目される。その後2005年6月に内閣府から「若者の包括的な自立支援方策に関する検討会報告」が出され、学校における取組として、「高校卒業段階を目標に社会の中で権利義務の行使ができるよう現実的な能力を身に付けさせ」ることが指摘されている。

　今後の見通しとの関連で平成34年度（2022年）から年次進行で実施予定の高等学校学習指導要領「公民編」の関連箇所も紹介しておきたい。

　全員が履修する「公共」については、次のように指摘している。

　「雇用と労働問題については、近年の雇用や労働問題の動向を、経済社会の変化や国民の勤労権の確保の観点から理解できるようにすることを意味している。その際、使用者と労働者との間で結ばれる契約についても、誰と契約を結ぶかなどの自由はあるが、労働者を保護するため、勤務時間など労働契約の内容に関しては労働基準法などによって契約の自由に就業規則などの制約が加えられていることを理解できるようにする。

　その際、『仕事と生活の調和という観点から労働保護立法についても扱うこと』（内容の取扱い）が必要である。また、終身雇用制や年功序列制などの雇用慣行の変化、非正規社員の増加、中高年雇用や外国人労働者に関わる問題、労働組合の役割などと関連させながら、雇用の在り方や労働問題について国民福祉の向上の観点から理解できるようにすることが大切である。さらに、違法な時間外労働や賃金の不払いなどが疑われる企業等との間でトラブルに見舞われないよう予防するため、また、トラブルに直面した場合に適切な行動をとることができるよう、労働保護立法などに触れるとともに、そのようなトラブルを解決するための様々な相談窓口があることについて理解できるようにすることも大切である。

　雇用と労働問題…に関わる具体的な主題については、例えば、使用者と労働者との間で結ぶ労働契約では、契約自由の原則に制約が加えられているのはなぜか、いわゆる日本的雇用慣行が崩れてきたのはなぜか、といった、具体的な問いを設け主題を追究したり解決したりす

るための題材となるものである。その際、例えば、求人票を用いるなどして、労働基準法が定める労働時間など労働条件の最低基準を満たさない労働契約は無効であること、日本では仕事と生活との調和（ワーク・ライフ・バランス）がとれるような働き方や、それぞれの事情に応じた多様な働き方を選択できる社会の実現が課題となっていることなどの観点から多面的・多角的に考察、構想し、表現できるようにすることが考えられる。」

また、選択科目である「政治経済」については次のように指摘している。

「多様な働き方・生き方を可能にする社会については、日本の総人口とともに労働力人口が減少する中、労働力不足を人工知能（AI）やロボットの活用により仕事の代替が可能になってきている。また、情報通信技術（ICT）を活用し、時間や場所を有効に活用できる柔軟な働き方であるテレワーク、雇用関係によらない働き方であるフリーランスなどが進展するなど、就業形態が多様化し労働市場は大きく変化している。また、日本の労働市場の特徴であった終身雇用制や年功序列賃金体系などについても変化が見られる。

このような現状を踏まえて、それぞれの事情に応じた多様な働き方・生き方を選択できる社会の在り方について、労働保護立法の策定や労働組合の果たす役割、労使協調などにより雇用の安定を確保するという考え方と、規制緩和による就業形態の更なる多様化、成果主義に基づく賃金体系、労使の新しい関係などにより労働力を効率的に活用するという考え方とを対照させ、年齢で区分せずに能力や意思があれば働き続けられる雇用環境の整備、さらに仕事と生活の調和（ワーク・ライフ・バランス）の観点などから探究できるようにする。

その際、例えば、勤労の権利と義務、労働基本権の保障、労働組合の役割などを基に、正規・非正規雇用の不合理な処遇の差や長時間労働などの問題、派遣労働者やパートタイマーなど非正規労働者、女性や若年者、高齢者、障害者などの雇用・労働問題、失業問題、外国人労働者問題など具体的な事例を取り上げて自分の考えを説明、論述で

きるようにすることが考えられる。また、諸外国における労働条件や労使関係、労働組合の現状、外国人労働者の流入と就労などについても調べ、これからの日本の雇用と働き方について広い視野から自分の考えを説明、論述できるようにすることも考えられる。」

　以上の解説については、一応最近の労働問題は網羅している。さらに「公共」においては、ワークルール的視点を明確に示す以下のような部分が注目される。たとえば「違法な時間外労働や賃金の不払いなどが疑われる企業等との間でトラブルに見舞われないよう予防するため、また、トラブルに直面した場合に適切な行動をとることができるよう、労働保護立法などに触れるとともに、そのようなトラブルを解決するための様々な相談窓口があることについて理解できるようにすることも大切である。」、「具体的な問いを設け主題を追究したり解決したりするための題材となるものである。その際、例えば、求人票を用いるなどして、労働基準法が定める労働時間など労働条件の最低基準を満たさない労働契約は無効であること、日本では仕事と生活との調和（ワーク・ライフ・バランス）がとれるような働き方や、それぞれの事情に応じた多様な働き方を選択できる社会の実現が課題となっていることなどの観点から多面的・多角的に考察、構想し、表現できるようにすること」である。

　他方、論理的によく理解できない表現、たとえば「勤務時間など労働契約の内容に関しては労働基準法などによって契約の自由に就業規則などの制約が加えられていることを理解できるようにする。」も使われている。これでは労働法に対する理解の程度が案じられる。

## (3) 社会教育

　教育基本法はその7条1項において、「家庭教育及び勤労の場所その他社会において行われる教育は、国及び地方公共団体によって奨励されなければならない」として社会教育の重要性を指摘している。また、社会教育法5条8号は、市町村の教育委員会の事務として、「職業教育及び産業に関する科学技術指導のための集会の開催及びその奨励に関すること」をあげている。しかし、社会教育において労働問題が正面から論

じられることはほとんどない。このような傾向は、いわゆる生涯学習においても同様といえる。

　労使において独自に労働教育、組合員教育がなされているが、キャリア教育が中心であり、労働者の権利・義務についての研修はそれほど一般的ではない。せいぜい新たな立法がなされた場合に担当者を対象とした研修がなされるぐらいである。連合系の労働者教育機関たる「教育文化協会」においても、組合役員に対する講座やセミナーが中心であり、一般組合員に対するそれははっきりいって手薄である。学校教育に対する働きかけは一定程度なされている。

　連合は 2002 年 12 月に「教育が未来を創る——連合・教育改革 12 の提言」を発表し、その中の「勤労観・職業観を育む」でキャリア教育の一環として「労働法などのワークルール等を学ぶ」ことが一応提言されている。具体的提言としては、「学校教育のなかで、将来の生活設計や経済的自立を前提とした、生活経済や税・社会保障等に関する教育を充実させる」としており、労働法はその対象とはされていない。「等」に含まれるのか[7]。

1) 個別紛争の集団性については、拙著『労働組合法の応用と課題』（日本評論社、2019 年）1 頁参照。
2) 拙著『職場における自立とプライヴァシー』（日本評論社、1995 年）の「あとがき」253 頁で、職場は「私」だけではない、としてこの点を指摘しておいた。
3) 濱口桂一郎「労働教育の形成、消滅、復活」季刊労働法 247 号（2014 年）147 頁。
4) 同上 152 頁は、「外部化と希薄化」と表現している。
5) シンポジウム「労働事件の専門性と労働法教育」日本労働法学会誌 100 号（2002年）、座談会「法科大学院における労働法教育」日本労働法学会誌 105 号（2005年）、特別企画「労働法教育の今日的課題」日本労働法学会誌 107 号（2006 年）。私の私的感想は「ロースクールにおける労働法教育」法学セミナー 684 号（2012 年）65 頁、またこの時点における労働法教育の課題については、拙稿「労働法教育の課題」日本労働法学会誌 107 号（2006 年）153 頁参照。
6) 島田陽一「労働法研究者の養成教育」日本労働法学会誌 107 号（2006 年）162 頁、西谷敏「法学の将来と若手研究者」法の科学 35 号（2005 年）4 頁等。
7) 詳しくは、高橋均「労働組合における労働法教育——労働者の権利状況と権利教育」日本労働法学会誌 107 号（2006 年）、小栗啓豊「労働法教育への取り組み——『働く文化ネット』からみた現状と課題」季刊労働法 244 号（2014 年）参照。アメリカにおける権利教育については、国際労働研究センター編著『社会運動ユニオニズム』（緑風出版、2005 年）195 - 216 頁参照。

# 第2章　ワークルール教育への個人的取り組み

## 1　ワークルール教育のための社会的仕組みへの関与

　ワークルール教育を実現するためには、一定の仕組みが必要である。最終的には学校制度上の位置づけが必要となると思われるが、その前提として多様な試みがなされている。ここでは、私が関与した制度的試みを紹介したい。実際の教育を通じての個人的な印象・感想は次章で紹介する。これらを通じて私なりにワークルール教育の意義や課題が明らかになってきたわけである。

　具体的には、2003年からの北海道労働審議会での議論・建議、2007年の「NPO法人職場の権利教育ネットワーク」の立ち上げ、さらに2013年からの「ワークルール検定」の実施について紹介する。

### (1) 北海道労働審議会での論議

　北海道労働審議会は、北海道における労働政策・労働問題を審議し、必要があれば知事の諮問を受けて答申する機関である。実際には、その時々の労働、というより雇用施策につき労使の意見を反映させることを目的とする。権利教育の必要性は、この審議会で議論され、社会的に発信された。

### 1)「本道における個別的労使紛争解決システムの整備について」
### 　の意見具申

　北海道において権利教育の必要性が論議されたのは、2001年9月に出された、労働委員会における個別斡旋制度の導入を提言した報告書においてであった。個別紛争の増加ゆえに労働者に権利教育をするニーズ

が高まったことを次のように指摘している。

「個別的労使紛争の予防という観点からは、労働教育にも一層力を入れることが必要であり、この点についても今後取り組むよう求める」。

この答申を受けて、北海道労働委員会では同年10月に個別紛争の斡旋制度を立ち上げた。

### 2)「若年者等の労働教育に関する検討会議」での検討

個別的労使紛争の増加やワァーキングプアや格差問題の発生により、社会的に労働をめぐる教育の必要性は高まっていった。これは労働審議会におけるほぼ共通の了解であった。しかし、担当部局たる経済部は、この問題にそれほど熱心ではなく、連合北海道も当時はあまり協力的ではなかった。

労働審議会の会長であった私は、労働審議会でこの問題を専門部会で検討するよう種々働きかけをおこなったが、全体の同意を得ることはできなかった。そこで、やむをえず自主的なワーキンググループ（WG）の立ち上げを提案し、2003年3月に労働審議会でWG立ち上げについての了承を得て、2004年2月から「若年者等の労働教育に関する検討会議」を8回開催した。この検討会議において詳細かつ活発に労働教育の実態・問題点を討議した。お仕着せの会議でなかったからかもしれない。

具体的には、①北海道における労働教育の歴史、②東京都と長野県を中心とする全国の実態、③北海道の中・高校における労働教育の現状、④労使団体における労働教育の現状、等を調査し、関連団体からのヒヤリング等もおこなった。

以上の検討を踏まえて2005年3月に開催結果報告書を作成し労働審議会に報告した。ここでその後の労働審議会の方向の基本的骨組みが形成された。その内容は以下のとおりである。基本方向として、次の3点が目指された。

(1) 職業教育に対する社会全体としての取組みの必要性
(2) インターシップのあり方の検討

(3) 権利教育の必要性

さらに、(2) について、より具体的に、①中学校における社会体験としてのインターシップの必要性、②高等学校における効果的なインターシップの実施、③仕事相談システムの必要性、が指摘された。


### 3) 労働審議会報告書

ＷＧの討議をふまえ 2005 年 3 月に「正式に」労働教育専門部会が作られ、同年 7 月以降 4 回開催された。2006 年 3 月に専門部会開催結果報告書が作成され、若年者に対する労働教育の具体的な方向として以下の 4 点が示された。

①　中学校における社会体験としてのインターシップの実施。

②　高等学校における効果的なインターシップの実施。

③　仕事相談システム（ネットワーク）の構築。

④　学校教育における「職場のルール」の教育。

2006 年 5 月に労働審議会が専門部会の報告書を受けて報告書を作成し、知事へ建議した。検討結果の概要は以下のような構成になっている。

1　若年者の就労及び労働教育に関する現況

(1) 若年者の就労状況

(2) 学校における労働教育の実施状況等

(3) 労使団体における労働教育の実施状況等

(4) 公益団体等における労働教育の実施状況等

(5) 行政（国等）における労働教育の実施状況等

　　　高等学校におけるインターシップの状況

　　　高等学校における労働教育の状況

　　　社会保険労務士会の労働教育への取組について

2　労働教育の課題

3　労働教育のあり方について

(1) 労働教育の基本的視点

(2) 若年者に対する労働教育の具体的な方向

なお、ポイントの「3　労働教育のあり方について」では
(1)　労働教育の基本的視点として
　①　就労前における勤労観・職業観の育成
　②　地域社会全体で行う労働教育
　③　学校教育における働くさいの権利・義務に関するルール教育
をあげ、③について、「学校教育において、『社会とは何か』という原理
的な問題を考え、社会経済の仕組みや個人と社会の関わりを現実的に理
解するための教育として『勤労観・職業観の育成』に努めるとともに、
就職した後に適正に労働するために必要とされる職場における権利・義
務に関するルールを教育する必要がある。このため、就職前に、労働に
関わる法的知識を教えることが重要であると同時に、当該ルールを守
り・守らせるための気構えやコミュニケーション能力の養成も重要であ
る」と指摘した。
　また、(2)　若年者に対する労働教育の具体的な方向として、
　①　中・高等学校におけるインターシップの実施
　②　仕事相談システム（ネットワーク）の構築
　③　学校教育における働くさいの権利・義務に関するルール教育
をあげ、③について、「労働教育は、社会的適用能力や職業能力の養成
だけではなく、働くさいの職場のルールをしっかり教えることも重要で
ある。学校教育において、教科・科目や総合的な学習の時間さらに進路
指導等において一定の教育がなされているが、現在複雑化している職場
のルールを知るには、全く不十分であり、それが、現在の職場の労働紛
争の適切な解決を阻害している側面もある。よって、就職する前に学校
教育等において、働くさいの権利・義務に関するルールを知る機会を持
つことが不可欠である。そのために、わかりやすく使い勝手の良いルー
ルブックの制作や教育の仕方・担い手の研修について学校へ支援するこ
と、外部講師の活用等が考えられる。」と指摘した。
　労働審議会における一連の討議、それと関連した関係者からのヒヤリ
ング等について次のような個人的な感想をもった。
　第1に、若者の労働実態や勤労意欲のなさについては労使とも共通の

危機意識があった。また、その原因として、家庭、学校教育、さらに社会経済的な背景があることもほぼ共通の了解であった。しかし、この時点ではブラックバイト問題等はそれほど注目を浴びてはいなかった。

　第2に、以上の問題関心から労働教育内容については、権利教育だけではなく、勤労意欲の高揚等全般的課題についても検討した。後者の点については、すでに多くの試みや報告書があったので、独自のアイデアを出すことは困難であった。。

　第3に、権利教育については、教育サイドでの関心のなさが印象的であった。これは、行政だけでなく教育学についても同様であった。また、はっきりいって当時は労使ともそれほど熱心ではなかった。さらに、使用者サイドは労働者の権利だけではなく、義務も教えるべきであることを強調していたことも印象に残った。

　第4に、この審議の過程において、権利教育の必要性について労使や行政機関、さらに社会も十分な問題関心をもっていないことが判明した。その実現は NPO 等 自主的な運動によらざえるをえないと考えるに至った。このような事態は残念ながら現在でもそれほど変わってはいない。

### 4）道庁（経済部労働局雇用労政課）の動き

　同報告書を受けて、2006 年 8 月に経済部労働局雇用労政課は『働く若者ルールブック』というパンフレットを作成し、道内の高校・専門学校等に配布した。その序文において、「皆さんが、ただ、ルールを知らないというだけのために、職業生活から退場してしまうことのないよう、働くときに必要な知識を分かりやすくまとめた冊子を作りました」と述べていた。この小冊子は、主に進路指導の参考資料として使われたといわれる。どのような使われ方をしたか、またどの程度の効果があったかははっきりしない。

## (2)「NPO 法人職場の権利教育ネットワーク」の立ち上げ

　同報告書にもかかわらず、権利教育の実現については、行政、労使ともそれほど熱心ではなかった。そこで、北大労働判例研究会が中心とな

りNPOの立ち上げを図った。私にとってそこしか基盤となる団体がなかったからである。また、研究会を通じて権利教育の必要性について共通認識をもちやすかったからでもある。

　発足時点の理事10名については、労働法・社会保障法の研究者3名、教育研究科教授1名、弁護士2名、社労士1名、さらに連合北海道から3名という構成となった。研究会参加者全体で6名となった。また、監事2名については、労働法研究者1名、連合1名とした。

　最初の仕事はNPO設立の趣意書の作成であった。以下は、「ワークルール教育のためのNPO設立趣意書」の全文である。私個人のワークルール教育観の原点といえる。

　「『パートにも年休があるのですか』、『就業規則を社内秘だといって見せてくれないのですけど』。

　景気の回復期とはいえ、若年者の就労環境は改善していない。勤労意欲の減退も顕著である。若年者ばかりでなく、労働者の平均賃金は減少傾向にあり、非正規労働者の割合も増加している。社会全体として明確な格差が生じている。社会的格差は常にあったが、現在のそれは、自己責任の結果として格差を好ましいとする点に特徴がある。

　このような状況に対し、勤労意欲の向上等のために学校教育において『生きる力』の獲得やキャリア教育が試みられている。最近は、主に格差是正の観点から、政府の政策として『再チャレンジ』も強調されている。たしかに、仕事をする能力の教育や格差の是正は必要である。しかし、仕事や労働に関する意欲や能力の獲得だけを重視するだけでは、確かな労働生活の実現は困難といえる。ライフ・ワークのバランスや職場において尊厳を守るためにも労働の担い手の権利を実現することが不可欠である。

　この権利は、労働条件については主に労働基準法によって、労働条件決定の担い手たる労働組合の結成・運営については労働組合法によって具体化されている。さらに、雇用保障、職場における労働者の人格権やプライヴァシーについては主に裁判例によって保護され、全

体としてワークルールを支える労働法体系が形成されている。

　では、このような労働法体系につき実際にどのように教育がなされているか。その一は、学校教育のレベルであり、特に、高校の公民においてなされている。教科科目以外では、総合学習や進路指導でも取り上げられることがある。その二は、職業教育のレベルであり、主に職業高校・専門学校等において学校教育の一環として学ばれている。その三は、就職した後の社員教育・組合員教育のレベルである。その四は、大学教育のレベルであり、労働法の体系的教育がなされ、専門基礎的な側面と働く市民向けという2つの側面がある。その五は、専門家教育のレベルであり、大学院教育が中心となる。弁護士や労働法に関連するパラリーガル、さらに研究者を養成する教育である。

　職場においても自己責任が強く要請されているにもかかわらず、自分（達）を守るために労働法の知識を獲得すべきであるという社会的要請はあまりない。実際にも学校教育や社会教育において、十分な教育はなされていないばかりか、そのような教育をすべきであるという問題関心にさえ欠ける。最近では、むしろ権利主張を行う人間を、協調性がないとして排除する危い傾向さえみられる。労働組合を作るなんてもってのほかということになる。

　一方、若年者の失業率の上昇やフリーター化、さらにニートの出現に関しては社会的に大きな注目を浴び、キャリア形成のために学校教育や雇用促進施策につき多様な試みがなされている。たしかに勤労意欲の涵養やキャリア形成の必要性は否定しがたい。しかし、職場における権利やワークルールを全く無視して勤労意欲の側面だけが強調されることはやはり異常である。職場において権利が守られるということは『働くこと』の前提であり、営々と築き上げられてきた『文化』に他ならないからである。また、生きる力は、職業能力だけではなく、権利主張をする知識と気構えをも含むものと思われる。この権利保障は、とりわけ若年者について、勤労意欲の向上に役立つばかりでなく、職場の風通しをよくすることによって経営効率や職場定着率をも高めることも期待される。同時にこのような権利教育は、民主主義の担い

手を養成するという市民教育でもあることも強調したい。

　そこで、本法人においては、ワークルール教育を実現、支援するために次のような事業を企画している。
　1　学校におけるワークルール教育のために専門家を派遣すること。そのために専門家のネットワークを形成するとともに、人材のデータを作成すること。
　2　ワークルール教育や労働教育のための資料やテキストを作成すること。そのために必要な調査・研究をすること。
　3　ワークルール教育の担い手の教育・研修を行うこと。
　4　労働に関する相談を行うこと。」

　その後、定款を作成し、知事の認証をうけて2007年10月に設立記念講演会（熊沢誠「労働の状況と労働者の人権」）を開催し、具体的活動を開始した。
　具体的事業としては、たとえば2017年について紹介すると以下の内容である。
① 　年2回行われる「ワークルール検定」実施への協力。同時に「ワークルール検定問題作成会議」として検定問題の作成もしている。
② 　大学との関係では、道内5大学（小樽商科大学、北海学園大学、北海道大学、北星学園大学、北海道教育大）合同シンポ「学生が考える労働とワークルール教育」の共催および小樽商科大学での「就活のためのワークルール講座」への協力。
③ 　セミナーや学習会への講師派遣
④ 　高校との関連では、北海道雇用労政課所管の「高校生等労働教育啓発事業」への協力。
⑤ 　関係書籍『学生のためのワークルール入門』（旬報社）発行。
⑥ 　北海道新聞で「挑戦ワークルール検定」連載。

### (3) ワークルール検定制度

　ワークルール検定制度はどのような目的で、またどのような効果を期待して開始されたか。高校等への出前授業はワークルールの知識の普及に一定の意味はあったと思われる。しかし、法的な知識の前提となる議論する文化が学校に決定的に欠如しており、コミュニケーション能力は重視され始めているが、議論のレベルではまだまだである。同時に、出前授業は一方的な講演になりがちであり、また当該学校を超えた拡がりに欠ける。そこで、気軽に議論ができ社会的な拡がりをもったワークルール教育の新たな試みの必要性を痛感した。

　そこで、今後の構想を木内洋育氏（旬報社社長）と相談し、ワークルール検定制度として「NPO 法人職場の権利教育ネットワーク」が中心になり、2013 年 6 月に札幌でプレ初級検定、11 月に東京および北海道（札幌、函館、旭川、帯広）で初級本検定をおこなった。また、2014年 6 月に札幌と東京で中級検定をおこなった。2014 年には日本労働組合総連合、労働者福祉中央協議会、公益社団法人教育文化協会、公益財団法人日本労働文化財団、NPO 法人働く文化ネットなどの協力を得て全国的継続的な実施のために「一般社団法人日本ワークルール検定協会」を設立し、それ以降同協会が検定の企画・実施をおこなっている。

　さらに同協会には、ワークルール検定をより広く普及、啓発していくために労働法学の専門家や弁護士、厚生労働省 OB、経営者団体や労働組合の役員 OB などで構成される「啓発推進委員会」が、また研修機能の充実のために「ワークルール検定研究者会議」が発足している。また、テキストとしては、『ワークルール検定初級テキスト〈第 3 版〉』（2020年）、『ワークルール検定中級テキスト〈第 4 版〉』（2020 年）、『ワークルール検定問題集 2020』（いずれも旬報社）がある。

　検定の実施についてはその後年 2 回初級検定を、年 1 回中級検定をおこなっており、2019 年 11 月までに各地で初級検定を計 14 回、中級検定を計 6 回おこなっている。初級については、14 回の申込者総数 1 万97 名、受検者総数 9382 名、合格者総数 6354 名で、平均の合格率（20

問出題し7割以上の正解）は67.7%である。中級については、申込者総数1422名、受検者総数1312名、合格者総数795名で、平均の合格率（30問出題し7割以上の正解）は60.1%である。なお、2019年11月の初級申込者数1040名（受検者数968名）、6月の中級、申込者数293名（受検者数270名）である。全体として1万694名が受検したことになる。2020年秋には全国の47都道府県で初級検定を実施する予定である。

なお、受検の経緯については、2019年秋のアンケート調査によると、「労働組合にすすめられて」が49.1%、「会社もしくは職場の上司にすすめられて」が19.1%、「公的機関の掲示やチラシを見て」が10.8%となっている。


**1） なぜ検定制度か**

なぜワークルールの知識獲得を検定制度と関連づけたのか。その意義として以下の4点をあげることができる。

第1は、だれでも興味をもちやすいからである。検定好き、クイズ好きの国民性による。資格がらみの検定だけではなく歴史検定からご当地検定まで、検定ばやりである。テレビもクイズ番組が目白押しである。個人的にはやや食傷気味だが、利用しない手はない。検定は自分の知識を社会的に確認するシステムであり、この社会的というのがポイントである。いつでも、だれでもチャレンジできる点も見逃せない。

第2は、効果的な知識獲得手段だからである。特に、〈学習→研修→検定〉と連動することによって知識を効果的に得ることができ、また深めやすい。これは検定制度の構築の仕方にもよるが、ことワークルール検定制度については、検定の前提として一定の研修が有用と思われる。法的知識については相互の関連をより深く理解することが必要なためである。実際に初級検定については検定前に1時間の研修が義務づけられている。具体的テーマは、労働時間、雇用終了、就業規則等である。研修の講師は、各地の労働法研究者・弁護士に委託している。

また、正解発表や採点などによって自分の知識のレベルがわかることも重要である。正解率が低かった問題については、日本ワークルール検

定協会のホームページで解説を発表している。そうすることで、自分なりの目標設定ができ欠点も判明しやすくなっている。

第3は、職場や家庭で気軽に議論しやすいからである。労働法や労働問題といえば変に堅苦しい議論になりがちである。とりわけ、「我が社」のそれとなるとそれなりの覚悟がいる。他方、検定問題となると、どのような問題が出たか、正解はなにか、どこが間違っていたか、なぜ間違ったかについては、気軽に話題にできる。クイズについて議論しているのと同じだからである。「我が社の36協定」について議論することは難しいが、36協定に関する検定問題ならば議論しやすくなる。また、社会的に注目される事項に関する問題やそれに対する回答状態の分布等により世論を喚起する可能性もある。

第4は、ある種の資格と連動することができるからである。労働関係については、労働相談員、労働委員会の委員、労働審判員等について一定の法的な知識が必要な仕事が少なくない。また、労働組合の役員や、労務管理担当の社員・役員等についても同様である。検定は、知識や能力を客観化・可視化するシステムといえる。とりわけ、多様なレベルやコースを設定することによってそれがより有効に発揮されうる。

### 2) ワークルール検定制度の具体的メリット

ワークルール検定制度の利用は各層について次のような具体的メリットがある。

第1に、労働者個人については、自分を守る法的な知識を獲得することができ、体系的な知識を深める契機にもなる。さらに、市民レベルにおいて労働問題やワークルールへの興味を高めることができる。市民レベルでの議論はもっとも欠けていたことである。

第2に、労働組合については、研修との連動によって組合員に対する効果的なワークルール教育が可能となる。知識の客観化によってモチベーションも高めやすいという側面もある。組合活動との関連では、職場のワークルール上の問題点が共通してわかるので、組織化の契機となりさらに要求を結集しやすい。組合の社会的プレゼンス強化の手段とも

なるわけである。実際にも、検定のための勉強会を昼食時におこない、職場の労働問題への理解が深まったと語る受検者もいる。

　第3に、企業については、社員が共通の法的知識をもつことによってそれにもとづいたコンプライアンスを促進することができる。また、労使共通の理解による労務管理によって無用な紛争を回避することができ、ワークルールを守っていることは採用上も人材の定着上も有利となる。さらに、管理職研修の手段としても利用できるのは当然である。とりわけ、ハラスメントや労働時間に関するワークルールは、現場の監督者が知らなければ適正な業務の遂行ができない状況になっている。

　第4に、社会的には、働くさいのワークルールが共通の知識・了解となれば、それにもとづいた営業や生産活動が可能となる。最近、カスタマーハラスメントが問題になっているが、消費者の便利だけではなく働く者の立場も尊重する社会や文化の構築にプラスとなる。また、日々生じている労働紛争において提起されている問題は、将来より一般化した形で現れることが少なくない。それをワークルール検定制度において取り上げることによって、社会の関心を高め、一定の対応策をあらかじめ考えることができる。


### 3）ワークルール検定制度の課題

　ワークルール検定については6年間の経験しかないが、多くの課題もあきらかになっている（私は、日本ワークルール検定協会の会長をしているが、以下はあくまでも私の個人的見解である）。

　第1は、制度充実の課題である。端的にいえば受検者数の増加である。実際の受検者数は各地の連合の努力もあり増加の傾向にあるが、社会的な定着にはほど遠い。とりわけ、組合関係以外に、経営サイドの人事担当者、学生層の参加をどう実現するかが問われている。それでも人事担当者については、ワークルールについての知識の必要性が増しているので若干改善の傾向がある。学生については、受験料（初級2900円、中級5000円）の負担もあるのでニーズの割には受検者が少ない。今後は、独自の学生用ワークルール検定ともいうべきものを大学単位で実施するこ

とも考えられる。

　また、検定合格と資格との連動も考える必要がある。これはワークルール検定制度に対する社会的評価にもよるが、たとえば労働委員会委員、労働審判員、組合の役員の選任について合格したことを要件とすることや人事担当者にとっての専門的資格として認定することが考えられる。

　さらに、ワークルール教育の担い手を養成する機能も見逃せない。今後、上級検定の実施を予定しているが、この合格者については各職場や組合における講師として活躍することを期待したい。

　第2は、検定制度というよりは日本ワークルール検定協会自体の課題である。同協会の事業としてワークルール検定以外に、ワークルールの普及啓発、ワークルールに関する調査研究、ワークルール教育の担い手の研修教育の各事業も含まれる。しかし、ワークルールに関する社会的意識の啓発、調査研究さらに担い手の養成はそれほどなされていない。全国展開は無理でも各地での多様な試みは可能であろう。

　このような要請は、検定制度自体の限界からもいえる。つまり、検定はある種の正解主義の世界である。しかし、実際の職場ではデリケートな紛争が多く、○×主義では適正な解決が難しいのである程度体系的かつ柔軟な知識が必要である。そのためには議論をすることを中心とした長期的な教育・研修システムが有益である。

　とりわけ、大学での労働法の講義がロースクール化の影響で判例実務の学習が中心となっているので、市民レベルでのワークルールの議論を社会的にどう構築するかも緊急の課題となっている（たとえば、拙著『ワークルールの論点——職場・仕事・私をめぐって』（旬報社、2019年、参照）。これは、個人よりも学界全体で検討すべき課題に他ならない。

## 2　ワークルール教育についての個人的な経験と印象

　ワークルール教育とは何か、についてはその実践を通じて考えることが多かった。そこで、ここではワークルール教育についての個人的経

験・印象を紹介したい。なお、労働法教育については大学の教師として多様な形で経験もしており、この経験が実際のワークルール教育の在り方を考えるさいの個人的基盤ともなっているのでこの点にもふれておきたい。

### （1）大学での経験

大学教育では労働法の講義やゼミが中心であり、最近では大学でのワークルール講座も経験している。

講義では、受講者の数、一定の知識をまんべんなく教える必要性、さらに対話的教育に対する学生の不慣れ（？）等の理由で、法をどう使うかまでの教育はほぼ不可能である。特定の論点について学生に質問をすることもあるが、適切な答えはあまり期待できない。「答える必要があるの」という顔をされることもある。単位や成績評価と結びつけると違うかもしれない。わかりやすく教える工夫はそれなりにできるが、「わかりやすさ」だけでは十分な教育ができないのが法学の特質ともいえる。法学教育において「わかるとはなにか」は案外難問である。

むしろ、ワークルール教育との関連では労働法ゼミが重要である。これは法学教育の一環なので「市民的」というより汎用性のある「リーガルマインド（法的なものの見方）」の養成を重視した。具体的には、基本的な裁判例（リーディングケースたる最高裁判決）と最近出された関連裁判例を素材に、事実関係・判旨の要約、3人意見作成、1人意見の作成、を毎回、全員が分担するという方式ですすめた。小樽商科大学でも北海道大学でも参加人員が10名程度なのでできたことといえる。

生の裁判例を対象としたのは、なぜ、どのような経緯で紛争が発生したのか、どのような論点であり労使の利害がどう対立しているか、裁判官はどのような判断を示したかを理解するためである。同時に、裁判所の判断をどう評価するかも重要であり、学習が進むと法的な解決の限界や紛争回避の可能性があったかも問題となる。

生の事件を対象とすることは、労使関係・労務管理の在り方（たとえば、成果主義人事制度、年俸制等）や職場の人間関係（ハラスメント事案）

さらに個人と組織との緊張関係（プライヴァシーや組合内部問題）等を知るよい機会ともなる。ワークルール教育はまさに「ルール」の教育であるが、「ワーク」の現場も知る必要があり、その点では、仕事や職場のリアルな認識も不可欠である。法的な議論は法律だけ知っていても十分にはできないからである。多様な社会経験を積んだ教師が少ないのでこれが案外難しい。

　判決文を正確に読むとともに、それをどう評価するかも重要である。裁判所の見解に納得いくか否かの論点である。このためにゼミでは3人で共通の意見を作成することを重視した。共通の意見を作成するためにはそれぞれが自分の意見を述べ、議論をし意見を調整する必要がある。この過程において、なにが論点か、どう考えるべきかをより深く理解することができる。もっとも、意見が対立しない場合もあるがこのケースでは報告内容はどうしても平板になりやすい。他方、興味深いことに意見がはっきりと対立したほうが、議論が白熱し周到な論理が示されることが多い（理論が破綻することもあるが）。法の想定している社会は、対立構造を前提としていることがよく理解できる。学生にもこのことは強調しており、どうも話が合わないな、議論したくないと思う相手のほうがより深い議論ができると指摘している。3人にこだわったのは、3人ならば沈黙することは難しいからである。この3人意見の組み合わせはその都度変えた。ゼミ生同士がよく知り合うよい機会だからでもある。議論を通じてその人の性格や生き方を知り、興味をもつ機会ともなった。人間に対する興味は、法学というより社会科学の基盤である。

　以上のようなゼミの事前準備はきわめて重要である。あらかじめ自分の見解をもつことは、それなりの緊張感をもって参加することになるからである。個人的印象では、はっきりしない立場よりは、特定の立場から議論したほうが案外全体像がよくわかる側面がある。はじめから「中立」「公正」にこだわらないほうがよい。最初の立場に拘泥せず、議論を通じて自分の見解を深めていければの話であるが。まさに、アクティブラーニングの「深い学び」の例といえる。ひいきチームがいたほうが野球の試合を興味をもってみられるようなものだ。

大学でのワークルール教育としては、一般の学生を対象に就活やアルバイトの法律問題について話す機会もある。この場合は学生の興味を引くために関連する検定問題を材料にすることが多い。これは高校での出前授業でも利用している。また、基本的文献として、道幸哲也・淺野高宏・職場の権利教育ネットワーク共編『学生のためのワークルール入門〈第2版〉』（旬報社、2020年）を使うこともある。今後は、「スクール版ワークルール検定」ともいうべきものを考える必要があるかもしれない。

### (2) 社会教育の現場で

　社会人を対象とした教育は、労使に対する講習・講演といわゆる市民を対象としたそれがある。また、放送大学での講義やゼミも社会人対象であり、さらに労働委員会における職員研修の機会も多かった。ワークルール教育との関連では一連の経験を通じて次のような感想をもった。

　第1は、講演についてはその時々のはやりのテーマが中心であり、必要な情報を与えること以上のことは難しかった。とりわけ、背景的かつ基本的な知識の必要性（たとえば、労働時間規制については、判例上の労働時間概念の説明）を痛感したが、その余裕はなかった。同時に、法的問題について正確に発言する難しさにも直面した。聴衆はとりあえずわかりやすいことを好むので相手のニーズに適切に対応するのは困難であった。結論だけではなく考え方の筋を説明する必要があるからである。

　第2は、ある程度継続的・長期的な講習については、正確に詳しい解説が可能になるが、聴衆の問題関心・能力がそれについてくるかが問題になる。とりわけ、対話的議論を好まず、とりあえず講師のお話を聞く態度が示されることが多い。議論できる信頼関係を構築することは容易ではない。なかなか学生のゼミのようにはいかない。

　第3は、労働委員会における研修であり、これは北海道労働委員会で委員・職員の専門性確保の観点からかなり積極的におこなった。もっとも、次のような課題にも直面した。その1は、職制を越えた自由な議論の確保である。直面する個別事案の検討ではなく、「判例研究会」という形をとったのでそれほど軋轢はなかった。その2は、法解釈以外の紛

争処理のスキルの養成は難しかった。これはまさに OJT によった。事件解決については委員と職員はチームとして行動せざるをえないからである[1]。

第4は、北海道大学定年後の放送大学での経験である。社会人学生のほうが現役の学生よりも受講態度は熱心であった。また多彩な社会経験からリアルな質問も多かった。ただ、受講生の問題関心、能力・資質はきわめて多様であり、どう説明したらよく理解されるかに悩むことも多かった。

もっとも、大学院のゼミは、研究課題の多様性により一方的に教えることは難しく、はっきりいえば不可能であった。とはいえ、2年間の指導によりこちらの知識も増え一緒に考えるよい機会となった。また、実態に対する知識や経験はかなわないが、論理的思考やその社会的意義の理解についてはこちらのほうが上手であった（と思う）。

### (3) 高校への出前授業

権利教育といっても高校でなにをどう教えるのか。こうなるとわれわれはど素人である。大学生への講義や組合員対象の講演の経験は多いが、高校生となるとまったく自信がなく、対象人数、学年や生徒の問題関心も違う。学校の受け入れ体制も多様であり、この点からも学校の本気度がわかる。

当初は、レジメを使い講義形式でワークルールの前提となる「働くこと」の意義を中心に話した。高校サイドの意向もそこにあることが多く、さらに、本音は非正規労働の悲惨さを伝えることによって正規職への就職を誘導すること（よりはっきりいえば、よい大学に入学すること）にあるという印象をもった。この要請に対しては、非正規を含んでワークルールの必要性を強調することによって対応した。ここにこそワークルール教育の意義があるからである[2]。

時間の余裕があれば若干の質疑応答もしたが、生徒の対応はいまいちであった。こちらからの質問には答えず、生徒からの質問はほとんどなかった。彼らの問題関心や生活実感を知らないので適切（リアル）な問

を発することができなかったからでもある。先生からの質問も受け付けたが、これもあまり積極的ではなかった。高校教育では他人とマジに論議すること自体をあきらめているのか、もしくは、法律には「正解」があって、それを知らなければ議論できないと思っている可能性もある。それならば、ワークルール教育以前に高校の教育の在り方自体が問題といえる。それでも、クラス単位で、2講連続で、担当の先生が適切な解説・誘導をしたケースについては、多少は議論らしきこともできた。議論喚起のためには先生とのコラボレーションは不可欠であった。

そこで、現在は講義形式よりはブラックバイト等に関する身近な問題をクイズ方式で解かせることで参加意識を高め、それをふまえて解説することにしている。一方的な講義よりも興味を示すことが多いと感じた。○か×かの緊張があるからである。とりわけ、アルバイトの経験のある生徒が多い定時制についてそういえる。

たとえば次のような問題であるが、問2については完全正解がおそろしく少なかった。

**問1** アルバイトなどで6ヶ月間働いて、その後も3年間続けて同じく働いていましたが、店長から来月はクビだと言われました。店長のいっていることは認められますか。正しいと思うものを一つ選びなさい。
　　1　どんな理由でもクビにできる
　　2　正当な理由があればクビにできる
　　3　正当な理由があってもクビにできない

**問2** アルバイトにつき適用されるワークルール上の保護はどのようなものでしょう。以下のものから選びなさい（複数回答）
　　1　最低賃金がもらえる
　　2　有給休暇をもらえる
　　3　労働組合に加入できる
　　4　仕事上のけがが労災とされる

以上をふまえて質問を受け付けると自分や知り合いの労働問題について相談されることが多かった。ともかく、自分たちの直面する問題であることを少しでも理解してくれればと思って工夫をしている。

　いままで道内の公立高校を中心に20校近くでいわゆる出前授業をおこなったが以下がその全体的印象である。

　その1として、進路指導等の担当者は熱心であるが学校全体としてそれほどの関心が示されることはなかった。生徒に対する講話の後に教員に対する講演をすることもあったが、ごくまれであった。北海道の高校は公立校が多いので民間の労使関係に対する興味がそれほどなかったからかもしれない。組合関係の講習においても同様な傾向にある。

　その2として、生徒と議論することはほぼ無理であった。時間的余裕のなさ、生徒の問題関心の希薄さ（なさ）、受け入れ学校がそのようなことを希望していない（もしくは「ウチの生徒はそんなことはできない」とあきらめている）こと等がその理由と考えられる。学校的世界には対立構造を前提とした話し合いの文化はほとんどないと感じた。権利・義務的な発想が希薄である。さらに社会問題に対する関心もなく、自己肯定感も弱い。これでは意味のあるワークルール教育はできない。

　その3として、それでも先生とのコラボである程度意味のある授業することは可能である。先生および生徒とそれなりに問題関心を共有し、信頼関係を形成することが前提となるが。少しずつわかっていくおもしろさを感じてくることを期待することになる。

　全体として、受け入れ学校が明確な位置づけをし、相互に授業内容・仕方について事前準備をしない限り意味のある授業は難しい。準備したってうまくいくとは限らないが。

### (4) ワークルール検定問題の作成

　ワークルール検定には初級検定と中級検定があり、前者は20問、後者は30問の問題に解答し、7割以上の正解をした者を合格者としている。この問題作成については次の点に留意している。

　その1として、検定テキストを素材に労働法の全分野につき出題して

いる。社会的に集団法への関心が無くなってきているが、労使関係の解決には集団法的視点が不可欠として原則4分の1はそこから出題している。もっとも、集団法を重視しすぎるという批判が無いわけではない。

その2として、出題の仕方としては、条文や法的な概念に関する知識自体を問うものと法的考え方を問題にするパターンがある。後者については、問題文を作成することは案外難しい。どのような論点かをはっきりさせ、また判例法理を知らなければ（何を言っているのか、どの程度一般化しうるか等）適切な問題を作ることはできないからである。解答するほうもある程度判例法理の知識が必要である。

なお、正解か否かについて、その内容が職場実態に反するとして疑義が示されることもある。検定で問われているのは、法の解釈・適用である。それが職場実態と違っても、正解は法的な建前ということになる。なぜ、法が守られないかは興味ある問題であるがそれをふまえて検定問題を作成することは難しい。法の建前と職場実態との乖離に気づくことも検定制度の目的のひとつである。

その3として、具体的問題の原案は、分担して作成し出題者全員の内部討議によりチェックされる。字句の訂正や問題自体の変更の例も多い。問題の適正さや正確さを担保するには不可欠な手続であり、問題作成者間に信頼とともに緊張関係がなければできない作業である。

また、出題内容については、「正解」がなければならないので、条文の趣旨・解釈が不明確なものや判例法理が流動的な事項については出題は難しい。したがって、最先端（情報管理）や緊急性のあるテーマ（働き方改革関連法）は避けることになりがちである。

その4として、ワークルール検定は社会運動の側面があるので、どの程度難しい問題を作るかについても苦労がある。実際に問題が生じている論点を選ぶとともに解答の仕方（選択肢を1つにするか、複数にするか）によって処理することもある。

出題グループとしては、原則として初級は7割、中級は5、6割の合格率を想定している。10回以上の出題経験を積むと一定程度予想もできるようになる。それでもやってみなければわからないこともある。た

とえば、初級検定の合格率はこれまで平均 67.7% であるが、中級検定の場合、初回の 2014 年の合格率は 31.6%、2019 年は 78.9% である。

1）私個人の経験については、拙著『不当労働行為法理の基本構造』（北大図書刊行会、2002 年）127 頁参照。
2）非正規雇用を見据えたキャリア教育については、児美川孝一朗『キャリア教育のウソ』（ちくまプリマー新書、2013 年）154 頁。

**第3章** ワークルール教育をめぐる
社会的機運の醸成

　ワークルール教育の必要性が全国的に論じられるようになったのは
21世紀になってからであり、次のような報告書や試みがなされている。
それ以前の試みとしては、1975年4月1日労働省労政局通達（労発39号）
が注目される。

## 1　1975年4月1日労働省労政局通達（労発39号）

　同通達は、「労働教育の推進について」において、労働教育行政の内
容・目的を次のように論じていた。
　①労使関係者に対し、労働問題および社会経済に関する広い視野と合
理的かつ客観的な認識と判断力を培うこと、②労使関係者に対し主体的
能力を培うこと、③労働者の福祉や働きがい等の増進に資するとともに、
人間の進歩への欲求に応えること、④労働者生活全般の安定向上に資す
ること、⑤国民に対し、労働問題に関する正しい認識と理解を培い、労
働組合活動の重要性及び労働問題が国民一人ひとりの問題であることを
一層理解させるとともに、そのような認識にもとづく正しい世論の形成
により、労働問題が国民的合意の下に処理されることを促進すること。
　また、労働教育の内容として、「集団的労働関係の正しい理解とルー
ルの確立に直接必要なものにとどまらず、広く健全な労使関係の基礎と
なる諸問題」さらには労働問題の背景として理解が必要な基礎知識をあ
げている。
　当時の社会状況から、ワークルール自体の教育ではなく、「労働問題
に関する正しい認識と理解」や「集団的労働関係の正しい理解とルール
の確立」が重視されている点が特徴といえる。とりわけ、労働組合のあ
り方に着目して、「労働を取り巻く経済社会事情の変化」において、労

働組合の課題を述べた後に次のように総括している。当時の基本的な関
心といえ、隔世の感がある。

　「わが国においては、労働組合の組織化は大企業中心であり、一方、
小・零細企業においてはなお非近代的な労使関係がみられ、労使関係が
不安定なものも少なくないのが実情であるが、他面労働組合及び労働運
動は、わが国社会経済において重要な地位を占めるに至り、その影響力
は飛躍的に増大し、その健全な発展の如何は、わが国民主主義社会の将
来を左右するといっても過言ではない。」

## 2 「今後の労働関係法制度をめぐる教育の在り方に関する 研究会報告書」（平成21年2月）

　厚労省で発表した報告書であり、ワークルール教育の現状や問題点等
について検討したものである。現状認識、視点、方策等全体的にバラン
スのとれたものと評価でき、重要な文書といえる。もっとも、その後施
策の実現はそれほどなされていない。

　① 全体の構成は以下のとおりである。
はじめに
Ⅰ．労働関係法制度についての教育に関する現状
　1．労働関係法制度についての理解の状況
　　(1) 先行調査・研究における指摘
　　(2) 研究会を通じて指摘された問題点等
　　(3) 労働関係法制度の基礎的な知識の理解状況に関する実態調査
　　　の実施
　2．労働関係法制度をめぐる教育の取組状況と課題
　　(1) 学校教育の場における取組と課題
　　(2) ＮＰＯ法人の取組と課題
　　(3) 労使の取組と課題
　　(4) 行政の取組と課題

Ⅱ．労働関係法制度をめぐる教育に関する今後の方向性

1. 基本的考え方

2. 労働関係法制度をめぐる教育の在り方

 ⑴ 学校教育の場における労働関係法制度をめぐる教育の支援の在り方

 ⑵ 企業等における労働関係法制度をめぐる教育の在り方

 ⑶ 家庭や地域社会における労働関係法制度をめぐる教育の在り方

 ⑷ 労働関係法制度をめぐる教育の充実に向けた環境の整備

② 報告書の基礎となる現状認識は次のように展開されている。

「戦後我が国においては、憲法によって労働三権が保障され、労働組合法や労働基準法の制定をはじめとして労働法制が拡充するなど、労働者は様々な権利を享受してきた。政府としては従前から、労使を中心として法制度を周知・徹底することを通じて労働者の権利を確保するための取組を行ってきた。

非正規労働者の趨勢的な増加、就業形態の多様化、労働組合の推定組織率の低下、労働契約法等の新たな労働法制の創設・施行等、労働者の職業生活に影響を及ぼす環境が大きく変化している。こうした状況の中、個別労働紛争や不利益な取扱に関する労働相談が増加の一途を辿っているとともに、各種調査において労働関係法制度をめぐる知識、特に労働者の権利の認知度が全般的に低い状況が見られる。特に、現在相対的に低い労働条件で働いていたり、将来的に相対的に低い労働条件になる可能性の高い人ほど、労働者の権利を理解していない可能性が高いとの指摘がなされている。

労働者自身が労働関係法制度の基礎的な知識を理解していない場合、労働者としての権利を行使することが困難であり、そもそも権利が守られているか否かの判断すらできない。

こうした状況を踏まえ、労働者自身が労働関係法制度を正確に理解し自分自身で自己の労働者としての権利を守る必要があるとの認識が

高まっており、労働関係法制度をめぐる知識、特に労働者の権利に関する知識が十分に行き渡っていない状況の改善を目的とした教育の重要性が各方面から指摘されている。」

③　その基本的立場は、高校・大学段階について以下のように展開されている。

「労働関係において、労働者は法的な権利のみ享受しているわけではない。労働者と使用者は、『契約（労働契約）』に基づいて、お互いに法的な『権利』と『義務』を負っている。使用者が義務に違反した場合、労働者はその履行を求めることができるが、その一方で、労働者が契約上の義務（たとえば、契約に基づいて労務を提供する義務、就業時間中は職務に専念する義務、企業秩序を遵守する義務など）に違反した場合には、使用者は当該労働者に対して、懲戒、解雇、損害賠償請求などをなしうる場合がある（ただし、使用者による懲戒、解雇、損害賠償請求などは法令や判例法理で定められた要件を満たすことが必要であり、そうでない場合には裁判で違法とされる）。すなわち、労働関係は、『契約』にもとづく、相互関係の下に成り立っているものであり、使用者が法令や契約を遵守しなければならない一方で、労働者にも自らが負っている法的義務を果たすことが求められている。

　すでに述べたように、労働者は、法律や契約で保障された権利を行使することができる。しかし実際に、職場において使用者から不利益な取扱い（法的権利を侵害するような取扱い）を受けることを未然に防ぎ不利益な取扱いを受けた場合のトラブルを円滑に解決できる職場環境を実現するためには、事業主側が労働関係法制度についての知識を習得し遵守することは当然のことながら、労働者が、自らの権利や義務についての知識等を単に『知っている』だけでは不十分であり、問題が生じた場合の相談窓口などの幅広い知識もあわせて習得するとともに、知識等を実際に活かして適切な行動をとる能力を身に付けておくことも必要不可欠である。すなわち、労働者が自ら職場における紛争の防止に対処する方法を意識し、実際に行動を起こすための原動力

となる『問題解決能力』や、社会生活のルール及び基本的生活態度を身に付け、他者との良好な人間関係を構築するための『社会性・コミュニケーション能力』を高めることが、実際の職場における紛争の防止や解決に資するものと考えられる。そのため、あらゆる機会を通じ、知識の付与だけに留まらないバランスの取れた教育が推進されることが重要であり、この点に十分留意しなければならない。」

本報告書のもっとも重要な指摘は次の2点と思われる。いずれもバランスのとれた教育を目指しており、ワークルール教育の基盤と評価できる。

その1は、契約重視の視点であり、「労働関係は、『契約』に基づく、相互関係の下に成り立っているものであり、使用者が法令や契約を遵守しなければならない一方で、労働者にも自らが負っている法的義務を果たすことが求められている」との指摘がなされている。もっとも、契約関係をどう具体的に教えるかまでは論じられていない。

その2は、問題解決能力や社会的・コミュニケーション能力を重視する視点であり、「労働者が自ら職場における紛争の防止に対処する方法を意識し、実際に行動を起こすための原動力となる『問題解決能力』や、社会生活のルール及び基本的生活態度を身に付け、他者との良好な人間関係を構築するための『社会性・コミュニケーション能力』を高めることが、実際の職場における紛争の防止や解決に資するものと考えられる。」と指摘している。これもそのとおりであるが、このような資質を身につけることもかなり難しい。

## 3 中央教育審議会答申「今後の学校におけるキャリア教育・職業教育の在り方について」(平成23年1月31日)

キャリア教育の推進は文科省の重要な施策であり、当初は進路指導改革として、2000年前後からは若者雇用対策としても利用されている。このキャリア教育の全体像を示した中央教育審議会の答申「今後の学校

におけるキャリア教育・職業教育の在り方について」は高校における推進方策として次の4点を提示している。もっとも、キャリア教育とワークルール教育との関連について対立する側面があるにもかかわらずそのような問題意識は希薄である。

　①社会的・職業的自立に向けて必要な基盤となる能力や態度を育成すること、②キャリアを積み上げていくうえで必要な知識等を、教科・科目等を通じて理解させること、③卒業生・地域の職業人等とのインタビューや対話、就業体験活動等の体験的な学習の機会を、計画的・体系的なキャリア教育の一環として十分に提供し、これらの啓発的な経験を通して、進路を研究し、自己の適性の理解、将来設計の具体化を図らせること、④これらの学習をとおして、生徒が自らの価値観・職業観を形成・確立できるようにすること。

　注目すべきは、②につき、「労働者としての権利や義務、雇用契約の法的意味、求人情報の獲得方法、人権侵害等への対処方法、相談機関等に関する情報や知識等」を学習することの必要性が指摘されていることである。

　全体として、社会人としての資質涵養の観点から、豊かな人間性や自立へ向けた基礎・基本を身に付けさせ、個性を生かし、自ら学び自ら考える力などの「生きる力」を培い、その理念を共有することが強調されている。具体的には普通教育における教科・科目での学習、総合的な学習の時間での学習が中心となり、授業以外にも職場体験学習・インターンシップも重視されている。また、進路指導においても一定の労働教育が提言されている。このキャリア教育の問題点として、労働者の権利的側面が希薄なことは指摘されている[1]。

　なお、教育方法論としてその後アクティブラーニングが重視されている（たとえば、文部科学省『高等学校学習指導要領（平成30年告示）解説公民編』3頁）。このアクティブラーニングは、「主体的対話的で深い学び」を基礎としており権利義務の理解に通じる対話を重視している点でワークルール教育に親和性があるといえる。ただ、主体性をどう確保するのか、議論レベルの「対話」ができるかは不明である。さらに、「深

い学び」となると対話者間の力量も試される。同時に、特定の論点について議論するさいに、それに関する賛否だけではなく、どのような論点なのか、はっきりいえば議論する価値があるか等についても目配りできる余裕が必要である。労働関係のテレビ番組を見て感想を述べ合ってお茶を濁すことではこまる[2]。

## 4 「ワークルール教育推進法」制定の動き

ワークルール教育推進法制定については、当初は日本労働弁護団から「ワークルール教育推進法草案」（2013年10月）が提起され、その後日本弁護士連合会の関与もあり一定の条文化もなされている。もっとも、実際に立法化が実現するかは政治状況や世論の無関心もあり不明である。

日本労働弁護団の「ワークルール教育推進法草案」の基本的立場は以下である。

「使用者と労働者間の情報の質及び量並びに交渉力等の格差があるもとで、また、新たな労働法制の創設や法改正、雇用形態の多様化・複雑化に伴って、様々な労働トラブルが発生し、かつ増加している。この実情を踏まえると、労働者及び使用者が、労働関係法制度を中心とする労働関係諸制度についての正確な理解を深め、かつその理解にもとづいた適切な行動を行い得る能力を身につけることが、労働者にとっては自らの権利と生活を守り、ワークライフバランスを実現するために、使用者にとっては円滑かつ適切な企業活動を確保するために重要な要素であり、労働者・使用者双方にとって必要不可欠である。

労働者及び使用者がそれらの知識、能力を獲得するプロセスにおいて、ワークルール教育が重要な役割を担うことに鑑み、ワークルール教育の基本理念を定め、ワークルール教育の施策の基本となる事項を定め、国、地方公共団体等の責務を明らかにすることにより、ワークルール教育に関する施策を総合的かつ計画的に推進し、健全で安定した労働関係の形成に資することを目的とする法律を制定することが必要である。」

2017 年 2 月には日本弁護士連合会がワークルール教育推進法（仮称）の制定を求める意見書を提出した。その概要は以下のとおりである。

「第 1 意見の趣旨

国は、次に示す目的及び基本理念の下、ワークルールに関する教育及び啓発並びにその実現を支援する諸活動を推進するため、以下の内容を盛り込んだワークルール教育推進法（仮称）を制定すべきである。

　1　ワークルール及びワークルール教育の意義

　『ワークルール』とは、『職業生活において必要な労働の分野に関する実体法及び手続法等（判例を含む。）』をいう。

　『ワークルール教育』とは、ワークルールに関する基礎的な知識を付与するとともに、職業生活において生ずる諸問題に適正に対処するために必要な分析力、交渉力及び問題解決力を育むものである。

　2　目的及び基本理念

　(1)　ワークルール教育を受ける者の将来にわたる充実した職業生活を実現し、健全な労使関係を構築する。

　(2)　労働者が労働に関する権利侵害等に対する実践的な救済方法に関する知識を含むワークルールに関する知識を習得することができるように、環境の整備を図る。あわせて、行政取締機関による実効的な取締りや支援を可能とするよう国の役割・責務を改めて確認し、関係機関の連携強化を図る。

　(3)　使用者がワークルールに関する知識の向上を図ることができるように、環境の整備を図る。

　(4)　学齢期から高齢期までの各段階に応じて体系的にワークルール教育を行う。

　(5)　学校、職域、地域その他の様々な場の特性に応じた適切な方法により、かつ、それぞれの場におけるワークルール教育を推進する多様な主体の連携を確保しつつ、効果的にワークルール教育を行う。

　3　盛り込むべき項目

　(1)　国、地方公共団体の役割・責務

　国、地方公共団体は協力して、ワークルール教育を適切に推進すべ

き責務があり、自ら率先して労働コンプライアンスの充実を図ること。

(2) 教育委員会の役割・責務

教育委員会は教職員に対し研修その他必要な措置を講じ、ワークルール教育の意義の周知、人材の受入れ体制の構築に取り組むべきこと。

(3) 学校等の役割・責務

学校等が若者にとって、対等な契約上の地位の獲得、誠実な契約の履行、紛争解決力等を身につける学習の場として十分な役割を果たすべきこと。

(4) 職域におけるワークルール教育

使用者に対し、研修、情報提供、インセンティブ付与その他の必要な措置を講じ、あわせて労働組合、NPO 法人等にも必要な助成を行うこと。

(5) 地域におけるワークルール教育

ワークルール教育の浸透には地域の理解が重要であることから、地域の自主性を重んじつつ地域住民の需要に応じて必要な措置を講ずべきこと。

(6) 教材の充実等

ワークルール教育に関連する実務経験者等の意見を反映させて教材の充実を図り、担い手の育成や研修についても必要な措置を講ずべきこと。

(7) 調査研究等

国、地方公共団体は、国の内外におけるワークルール教育に関して、調査・研究並びにその成果を普及・活用する責務があることを確認すること。

(8) 推進体制の確立

国、地方公共団体はその役割を踏まえて、ワークルール教育に関する重要事項の調査・審議、情報交換その他の調整を行う機関を設置すべきこと。

(9) 財政措置の確保

ワークルール教育の推進には財政的措置が不可欠であることから、ワークルール教育の諸活動を支える財政的措置の確保を明記すべきこと。」

　現在、「ワークルール教育推進法案」は以下のように条文化されている。

　正式な法案名は「充実した職業生活を営むことができる働き方の実現及び健全な事業活動の促進に資するためのワークルール教育の推進に関する法律案」であり、１条で目的について、「この法律は国民の間にワークルールについての理解を深めることが充実した職業生活を営むことができる働き方の実現及び健全な事業活動の促進に資することに鑑み、ワークルール教育の促進に関し、基本理念を定め、及び国、地方公共団体等の責務を明らかにするとともに、基本方針の策定その他ワークルール教育の推進に関し必要な事項を定めることにより、ワークルール教育を総合的に推進し、もって国民生活の安定向上及び国民経済の健全な発展に寄与することを目的とする。」と定めている。

　３条で基本理念として、「①ワークルール教育を受ける者の将来にわたる充実した職業生活ができる働き方の実現に資することを旨とすること、②使用者（略）及び労働者が遵守すべき法令並びに労働契約に基づく権利及び義務に関する理解を深めることにより、健全な労使関係の下で発展することができる企業の健全な事業活動に資することを旨とすること、③労働者が労働に関する権利侵害等に関する実践的な救済方法に関する知識を含むワークルールに関する知識を修得することのできる環境の整備が図られること、④使用者がそのワークルールに関する知識の向上を図ることのできる環境の整備が図られること、⑤学齢期から高齢期までの各段階に応じて体系的にワークルール教育が行われること、⑥学校、職域、地域、家庭その他の様々な場の特性に応じた適切な方法により、かつ、それぞれの場におけるワークルール教育を推進する多様な主体の連携を確保しつつ、効果的にワークルール教育が行われること」を挙げている。

また、国（4条）、地方公共団体（5条）、事業主等（6条）の責務とともに、財政上の措置（7条）が定まっている。

　また、第2章で基本方針等、3章で基本的施策、4章でワークルール教育推進会議等につき定めている。なお、3章10条は学校におけるワークルール教育の推進について、以下のように規定している。

　「1項　国及び地方公共団体は、児童及び生徒の発達段階に応じて、学校（略）の授業その他の教育活動において適切かつ体系的なワークルール教育の機会を確保するため、必要な施策を講ずるものとする。

　2項　国及び地方公共団体は、教育職員に対するワークルール教育に関する研修を充実するため、教育職員の職務の内容及び経験に応じ、必要な施策を講ずるものとする。3項以下略」。

　ところで、「ワークルール教育推進法」案は、2012年成立の「消費者教育推進法」をモデルとしたものである。そこで、消費者教育推進法の特徴についてふれておきたい。同法は原理的視点が明確であり、「ワークルール教育促進法」には残念ながらそれが欠けている。

　消費者教育推進法はその目的として「消費者教育が、消費者と事業者との間の情報の質及び量並びに交渉力の格差等に起因する消費者被害を防止するとともに、消費者が自らの利益の擁護及び増進のため自主的かつ合理的に行動することができるようその自立を支援する上で重要であることに鑑み、消費者教育の機会が提供されることが消費者の権利であることを踏まえ、消費者教育に関し、基本理念を定め、並びに国及び地方公共団体の責務等を明らかにするとともに、基本方針の策定その他の消費者教育の推進に関し必要な事項を定めることにより、消費者教育を総合的かつ一体的に推進し、もって国民の消費生活の安定及び向上に寄与すること」をあげ（1条）、基本理念として、消費者教育は、消費生活に関する知識を修得し、これを適切な行動に結び付けることができる実践的な能力が育まれること、消費者が消費者市民社会を構成する一員として主体的に消費者市民社会の形成に参画し、その発展に寄与することができるようその育成を積極的に支援すること、幼児期から高齢期までの各段階に応じて体系的におこなわれるとともに、年齢、障害の有無そ

の他の消費者の特性に配慮した適切な方法でおこなわれること、学校、地域、家庭、職域その他の様々な場の特性に応じた適切な方法により、かつ、それぞれの場における消費者教育を推進する多様な主体の連携でなされること等をあげている（3条）。

　同法は、消費者が消費者市民社会を構成する一員として主体的に消費者市民社会の形成に参画し、その発展に寄与することに着目し、この「消費者市民社会」については、消費者が、個々の消費者の特性及び消費生活の多様性を相互に尊重しつつ、自らの消費生活に関する行動が現在及び将来の世代にわたって内外の社会経済情勢及び地球環境に影響を及ぼし得るものであることを自覚して、公正かつ持続可能な社会の形成に積極的に参画する社会と定義されている（2条）。シティズンシップ教育である点が強調されているわけである[3]。

　他方、ワークルール教育推進法案は、その目的として、国民の間にワークルールについての理解を深めることことが充実した職業生活が営むことができる働き方の実現および健全な事業活動の促進に資することに鑑みワークルール教育の推進に関し、基本理念を定め、および国、地方公共団体等の責務を明らかにするとともに、基本方針の策定その他のワークルール教育の推進に関し必要な事項を定めることにより、ワークルール教育を総合的に推進し、もって国民生活の安定向上および国民経済の健全な発展に寄与すること、をあげ（1条）、基本理念として、将来にわたる充実した職業生活を営むことができる働き方の実現、法令や労働契約上の権利・義務に関する理解を深めることにより、健全な労使関係の下で持続的に発展することのできる企業の健全な事業活動の促進、労働者が労働に関する権利侵害等に対する実践的な救済方法に関する知識を含むワークルールに関する知識を習得できる環境の整備等が示されている（3条）。さらに、それを踏まえて国（4条）、地方公共団体（5条）、事業主等（6条）の責務を、また文部科学大臣及び厚生労働大臣が基本方針を定めることを規定している（8条）。

　同じ促進法であっても消費者教育と比較してワークルール教育については基礎視点が大きく異なっている。

第1に、ワークルール教育促進法は原理性に欠くと思われる。つまり、消費者教育については、消費者が消費者市民社会を構成する一員として主体的に消費者市民社会の形成に参画し、その発展に寄与することに着目している。同時に、消費者基本法2条は、「消費者が自らの利益の擁護及び増進のため自主的かつ合理的に行動することができるよう消費者の自立を支援すること」をあげている。自立した市民の養成であることを前面に出しているわけである。他方、ワークルール教育推進法案は、その法案名（「充実した職業生活を営むことができる働き方の実現及び健全な事業活動の促進に資するためのワークルール教育の推進に関する法律案」）そのままに、充実した職業生活、働き方、健全な労使関係や事業活動の促進を重視している。市民的自立や社会的意義という発想法はほとんどみられないわけである。ワークルール教育をもっぱら労使関係的な観点からだけではなく、よりひろい市民的自立という社会的視点から見直すことが必要と思われる。

　第2に、消費者教育法は、契約関係の維持よりも自立の観点から不当な契約を締結しないことや関係の解消を重視している。まさに、金融広報中央委員会「若者に『きっぱりはっきり断る』教育を」[4]の標語のとおりである。他方、ワークルール教育推進法案は、同様な側面はないわけではないが、むしろ契約関係の維持を通じて労働者の権利実現を目指している。このアプローチの相違は、教育内容や教え方にも決定的な違いを生むものと思われる。この点の見直しも課題といえる。

## 5　青少年の雇用促進等に関する法 (2015年)

　青少年の雇用促進等に関する法26条は、「国は、学校と協力して、その学生又は生徒に対し、職業生活において必要な労働に関する法令に関する知識を付与するように努めなければならない」と規定し、さらに事業主に対しても、労働法制に関する基礎知識の付与として、「青少年の労働法制に対する理解促進は、事業主にとっても職場環境の改善やトラブルの防止等に資するものであることを踏まえ、新入社員研修の機会等

を捉え、労働法制の基礎的な内容の周知を図ることが望ましいこと。」
をあげている（厚労省告示第 406 号〈平成 27.9.30〉「青少年の雇用機会の確
保及び職場への定着に関して事業主、職業紹介事業者等その他の関係者が適
切に対処するための指針」）。遅きに失したとはいえ労働法教育の必要性
が社会的に承認され始めたといえる。


1）たとえば、児美川孝一郎『権利としてのキャリア教育』（明石書店、2007 年）、本
　田由紀『教育の職業的意義』（ちくま新書、2009 年）等。また、「好きなことを仕
　事にする」という提言の問題点については、榎本博明『自己実現という罠』（平凡
　社新書、2018 年）206 頁。
2）基本的な問題点については、小針誠『アクティブラーニング　学校教育の理想と
　現実』（講談社現代新書、2018 年）252 頁。
3）消費者教育の現状については、特集「消費者教育のいま」法律のひろば71 巻 5
　号（2018 年）、また神山久美・中村年春・細川幸一編『新しい消費者教育』（慶應
　義塾大学出版会、2016 年）、西村隆男『消費者教育学の地平』（慶應義塾大学出版会、
　2017 年）等。
4）前掲、法律のひろば71 巻 5 号 19 頁。

# 第Ⅱ部

# 権利主張に対する
# 職場の抑圧システム
## 裁判例からの検討

教師として、長い間労働法を研究し教えてきた。一定の経験を経るにともない、労働法を教えることにある種の無力感をも感じるようになった。労働法の教育機関としては、大学の法学部・大学院やロースクールがあり、法的ルールの解明・解釈は弁護士等の実務家や研究者を中心とする法律専門職の仕事である。しかし現実の労使が、なにが法的ルールなのか、それをどう行使するのかを知り、行動することがなければ法的ルールは適切に機能しえない。法的ルールの主体は、あくまで労使、とりわけ権利主体となるのは労働者といえるからである。

　最近、このような関心から社会的にワークルール教育の必要性が論じられるようになり、具体的活動もみられるようになっており、「ワークルール教育推進法」の制定の動きもある。同時に労働法の政策実施のあり方も正面から議論されている[1]。しかし、社会的盛り上がりはいまいちであり、論議も低調である。

　法教育については一定の運動や成果が積み上げられている一方、労働の分野ではもっぱらキャリア教育が重視されている。ワークルール教育は法教育とキャリア教育との狭間にあり、学校への出前授業でお茶を濁している現状にある。だれが、なにを、どのような観点から、どう教えるべきか、についても共通の了解はない。社会的には議論はおそろしく低調である。

　ワークルール教育が特に要請されるであろう若年者に着目すると、学校生活は就活に収斂する傾向がある。したがって、ワークルールを知ることは就活に不利となりリスクを伴うこととみられがちである。学校もワークルール教育につきそれほど熱心ではない。就職に特化した大学のキャリアセンターも一部を除き同様である。ワークルールを知ることは会社に反抗する行為とみなされ、知らないことによる自己保身が図られる。

　このような態度を助長するものとしては、権利主張を許さない、もしくは許さなさそうに見える職場実態がある。他人と違う行動を許さない「同調圧力」も社会的に相変わらず強固である[2]。とりわけ、最近の職場の状況は余裕がなくなり、人間関係の争いが法的紛争として増加して

いる[3]。多様な職場イジメ事案とともに、セクハラ・パワハラ等のハラスメント事案やメンタルヘルス事案がその典型である。その背景としては、連携よりも同僚間の競争を助長する成果主義人事やIT慣れによる人間関係形成・調整能力の低下等があげられる。組合機能の低下とともに上司の余裕のなさやリーダーシップの低下も見逃せない。

　一方、多様な働き方や自分らしさを追求すべきだとする社会風潮も出てきてはいる。しかし、実際には多様性や会社に対する異議を許さない職場の風土は強固である。実際にも後述のように最近多くの裁判において意見の表明や異議申立を理由とする処分や不利益取扱いの適否が争われている。さらに、労働者が裁判を起こしたことに対する不利益取扱いだけではなく、使用者からの対抗的な裁判提起の例も増加している[4]。権利主張はハイリスクである。不満をもつことさえもはばかられる時代であり、職場は閉塞状態となりつつある。

　第Ⅱ部では、以上の現状把握、問題関心から次の相互に関連する2つの課題を追求する。

　第1は最近の裁判例を素材にして権利が適切に保障されにくい職場実態の諸相を解明するものである。

　裁判例を取り上げているが、裁判例の判断やアプローチとともにそのような紛争状態の発生メカニズムにも着目している。権利主張を阻害する使用者の多様な行為・措置のパターンを知り、それに応じた法理を構築するための予備作業でもある。裁判例に着目した理由は、「裁判」という形で一定の判断が示されるまでの過程では、自主的解決の機会が十分にあったと思われるが、解決しなかったことから、ここで争われていることは使用者の「確信的」行為とみなされるからである。裁判になってもこのような主張を継続している例をみると、裁判にならないケースや現実の職場において多様な抑制的な行為がより頻繁におこなわれていることが推察される。今後、同種紛争が増加することも予想されるゆえんでもある[5]。

　第2は、使用者の抑制的行為を評価するさいに労働者サイドの同意をどう評価するかである。労使合意の基盤を明らかにする必要があるわけ

である。近時、労働法の規制緩和の手法として、労使合意や個々の労働者との合意に着目することが多くなった。このような合意が適正になされる前提を解明するためには、意見表明や権利主張を阻害する職場実態の諸相に着目する必要がある[6]。契約法理の精緻化も重要であるが、職場の実態に見合った契約法理が機能する「基盤」はなにか、またなにがそれを阻害しているかの解明も緊急の課題といえる。

　第Ⅱ部の具体的内容は、第1章で予備的考察として、労働法上の権利の内容・構造を概観する。第2章で権利主張を阻害するパターンに関係する裁判例を検討の対象とする。内容を正確に理解するために、事実関係や判決文をやや詳しく紹介している部分もあり、裁判例の分析や関連する法理の検討は、法律専門職でなければかなり難しいと思われるが、自分がこのような事態・紛争に直面するかもしれないという危機意識にもとづいて読み抜いてほしい。職場実態をリアルに知るためでもある。

1) 労働法の政策実現システムについては、山川隆一「労働法における法の実現手法」佐伯仁志編『現代法の動態　第2巻　法の実現手法』（岩波書店、2014年）、特集「違法労働」日本労働研究雑誌654号（2015年）等参照。
2) 若者のコミュニケーション能力（コミ力）については、「場の空気を読む能力」と「笑いを取る能力」が大切と指摘される。斉藤環『承認をめぐる病』（日本評論社、2014年）21頁。
3) 人間関係のワークルールについては、拙著『パワハラにならない叱り方』（旬報社、2010年）参照。
4) 特集「労働問題におけるスラップ訴訟」労働法律旬報1820号（2014年）。具体例として、不当労働行為審査手続きに提出された鑑定意見書等を理由として会社からの不法行為訴訟が提起されたAPF・昭和ゴム事件・東京地判平成26.5.19労働法律旬報1820号59頁等がある。スラップ訴訟全般については、「特集　スラップ訴訟の形態と対策」法学セミナー2020年1月号。
5) なぜ自主解決をしなかったのかは、それ自体興味あるテーマであるが、ここでの検討対象とはしない。数多くのチャンスがあるのになぜ自主解決ができないのか、私自身、北海道労働委員会の公益委員の経験から審査過程の教育的機能に関心をもった。拙著『労働委員会の役割と不当労働行為不当労働行為法理』（日本評論社、2014年）55頁参照。また、団交権保障との関連での労働委員会の教育的機能については、拙稿「団交権『保障』の基本問題（下）」法律時報89巻8号（2017年）105頁。
6) 権利主張の基盤整備については、拙稿「権利主張の基盤整備法理」季刊労働法207号（2004年）128-165頁、その後『成果主義時代のワークルール』（旬報社、2005年）で検討した。また、法に対する知識の必要性については以前から主張されていた。たとえば、佐藤忠男『学習権の論理』（平凡社、1973年）19頁参照。

# 第1章　労働法上の権利内容

　権利主張をするためには、強行法規を中心とするワークルールの知識とともに、自分の契約内容を適切に知ることが必要である。そこで、まず、1で労働条件決定システムのアウトラインを確認し、それを踏まえて2で契約の展開過程でにおいて自分の労働条件をどのように知ることができるかを検討しておきたい。ワークルール教育のあり方を論じる前提作業としての労働法入門ともいえる。

## 1　個別労働契約上の権利・義務の確定

　労働条件決定システムは、基本的に4つの側面、つまり①労働契約、②就業規則、③労働協約、さらに④労基法等の実定法から構成される。基礎となるのは労働契約である。就業規則や労働協約の内容も、それが労働契約内容に「なる」、もしくはそれを規制することによって当事者を拘束する。労基法等は強行法的な最低基準として労働条件の下支えをする。以下、4つの側面を個別にみていきたい。

　第1は労働契約であり、基本的には個別契約における合意が問題となる。労使対等な立場による合意が基本原則である（労働契約法3条、労基法2条）。理論的には、「どのような合意が成立したか」と「当該合意の効力が認められるか」が問題となる。「有効な合意が成立したか」という両者が混在した問いがなされることもある。

　合意の成立については、主に契約締結過程から個別合意の認定がなされる。明示の合意との関連では書面化が重視されるが、口頭の例も少なくない。合意の成立が認められても、労基法違反や信義則に反する等の理由でその効力が認められないこともある。明示であればあるほど合意の意味や拘束力が明確になるが、それだけ強行規定違反が認定されやす

くなる側面もある[1]。

　明確な合意が認定できない場合には諸般の事情（職場慣行、労使慣行等）から黙示の合意が認定される。この黙示の「合意」については、合意したであろうことの推定作業がなされることもあり、実質的に「規範的解釈」にならざるをえない。この推定作業のさいに、憲法はじめ労基法や労働契約法の関連規定も参考にされる。この部分については、「合意の成立」と「合意の効力」が混在した形で問題になりやすいと思われる。なお、契約上の合意については、近時形式的な「合意」ではなく、「真意性」を重視する学説、判例が有力になりつつある[2]。これが契約論の危機なのか再生の契機なのかの判断は容易ではない。ワークルール教育の在り方を考えるさいに、どのような労働者像を想定するかにも関連している。

　ところで、契約内容を外部から変更するものとして就業規則と労働協約がある。いずれも、労働条件の集団的決定のニーズに対応したものである。同時に、その内容はあくまで書面化されていることが前提となる。就業規則についてはその性質上当然であり、労働協約については規範的効力付与との関連においてそのようにいえる（労組法14条）[3]。書面化しているのでその内容を知ることは容易である。

　第2は、就業規則である。個別契約で細かな労働条件についてまで定めることはまれなので実際には、就業規則が詳細な労働条件を定めていることが多い。規定内容の体系性、継続性、集団性の側面で使用者にとって使い勝手のよいルールといえる。

　就業規則については、その作成・変更に関するルールが労基法により、また効力論が労働契約法により定まっている。前者につき、就業規則は使用者が一方的に作成・変更し、労働者は過半数代表者を通じて意見を述べる機会をもつにすぎない（90条）。同時に、作成義務、記載事項が規定され（89条）、労働基準監督署への届け出と内容の周知（106条）が義務づけられている。さらに、違反に対し一定の刑事罰が科せられる（120条）。労基法上は、合意を重視する契約法的色彩はほとんどない。

　他方、労働契約法上、労働契約との関連につき次の3つの効力が認め

られている。

①就業規則上の規定に達しない労働契約内容を無効として、就業規則の定める基準まで高める「最低基準効」（12条）。②労働契約に定めがない部分について就業規則で定める労働条件による「契約内容補充効」（7条）。もっとも、就業規則内容の合理性と周知が要件とされる。③労働条件を一方的に不利益変更しうる「不利益変更効」（10条）。この場合も不利益変更の内容の合理性と周知が要件とされる。なお、②と③とで「合理性」「周知」の解釈は必ずしも同一ではない。

②は契約解釈の一環としてのそれなりに説明が可能であり、また、「合理性」基準によって一定の歯止めは可能となる。しかし、その判断主体はあくまで裁判官であり、その意味では契約原理は後退している。①は労働条件の維持改善の観点から労働者保護システムとして独自の位置づけができる。それゆえ労基法上、作成義務とともに一定の手続きルールが定まっていると思われる。しかし、③については、経営上のニーズはともかく契約論的な説明は困難と思われる。独自の集団的労働条件決定・解決システムを立法化したと評価できるかもしれないが。労働契約法は、就業規則につき以上のような異なった性質を有するルールを定めていることを確認しておきたい[4]。

第3は、労働協約の規範的効力（労組法16条）である。協約規範については、それが契約内容になる（化体説）か、もしくはならない（外部規律説）か、について対立があり、効力の両面性や対象組合員相互の利害が一致しない場合の適用のあり方（公正代表義務）等が問題になる[5]。

以上のように、労働条件は、労基法等の労働条件立法を下支えにして労働契約、就業規則、労働協約によって決定されている。就業規則は、実際にはともかく、労基法上周知義務があるのでその内容を知ることができる。労働協約についても知ることはそれほど難しくはない。もっとも、その内容を正確に理解するには一定の法的知識が必要とされる。

## 2 労働契約の展開過程

労働者は自分の労働条件を実際にどのように知ることができるか。労働契約の展開過程に応じて労働者の視点で考えてみたい。

### (1) 労働契約の締結

労働条件は労働契約の締結段階で決定するのが原則と解されており[6]、労働契約、就業規則、労働協約によって定められている。自分の労働条件を知るためには、これらについての正確な理解が必要となる。

まず、契約を適切に締結するために、間接的に職業安定法により、職業紹介や募集手続きについて一定の制約が課せられている。たとえば、募集内容の的確な表示の要請である（42条）。もっとも、契約内容がそれにより直接左右されることはない。

締結過程については、労基法はその15条において使用者に対し労働条件の明示を義務づけ、賃金や労働時間等については書面によることとされている（労基法施行規則5条3項）。労働契約法4条も書面による確認を推奨している。したがって、労働契約書が作成されていれば契約内容を知ることはそれほど困難ではなく、自分の労働条件を知る第一歩といえる。しかし、契約書の作成自体を使用者に要求することは必ずしも容易ではない。また、書面化は労働契約の有効要件[7]ではないので、その点からの義務づけは困難である。

さらに、労使の交渉力には顕著な格差があるので、その内容が労働者にとって不利になることが一般的である。とはいえ、労働契約自体を「無効」とすることは、特別な場合を除き、労働者にとってきわめて不利なので、その一部のみを無効とすることによって処理せざるをえない。全部無効になると契約関係自体が存立しなくなるからである。そこで、以下の4つの仕方で契約自由の原則を「修正し」、契約関係を保持しながら労働条件の維持・確保を図っている。労働契約関係における「合意」の意味を議論する場合に知っておくべき基本的事項である。

その１は、労基法等の最低労働的基準を規定する立法による歯止めである。当該基準に達しない契約内容は無効となり、契約はその基準による（労基法13条、最低賃金法4条）。合意内容が明確なほど違法性がはっきりするのでこの点からのチェックはやりやすい。

　その２は、合意の真意性を問題にし、契約時の説明の不十分さ等から当該合意は真意に欠けるものとして「合意」が成立しなかった、もしくは「有効な合意」としては成立しなかったとみなすことである。この点は民法の意思理論（93条から96条）とともに労働法独自の視点が必要とされる[8]。この合意内容の認定については、労働者の真意や納得を重視する最高裁判例（山梨県民信用組合事件・最二小判平成28.2.19労働判例1136号6頁）があり、多くの裁判例において真意か否かを具体的にどう判定するのかという難問に直面している。取引は、「不満があるけどやむをえないか」という自己責任の世界なので、雇用関係とはいえ「真意」や「納得」までが必要かは問題になるからである。

　その３は、合意の成立を前提に、合意の効力を労基法の趣旨や労使関係の公序等の観点から否定することである。合意の成立と効力を明確に区別して、後者につき独自の規範的解釈を試みるものである。

　その４は、契約の効力までは問題にせず、説明の不十分さ等を契約締結上の過失とみなし損害賠償の請求を認めることである[9]。

　以上は、合意内容が書面化等により明確なことを前提としているが、それが不明確な場合には、黙示の契約内容の解明が必要となる。労使慣行や職場慣行が重視されるが、その２、その３で検討した解釈技法も利用されることになる。この内容は専門家でなければわかりにくい。抽象論としてはともかく、個別事例について以上の解釈技法を教育することは容易ではない。

　ところで、労働条件の詳細は多くの場合就業規則による。労働契約法も周知やその内容の合理性に留意しつつ契約内容化を認めている（7条）。就業規則は、その内容が条文（明文）化されているので、理解はしやすい。しかし、合意原則との関連では以下の３つの問題に直面していると思われる。

第1に、労働契約法レベルでは、内容の理解のために就業規則の了知は不可欠と思われるが、労基法106条および労働契約法7条の「周知」は必ずしもそこまでは要請してはいない。しかし、契約法理との関係で周知の義務づけを考えると、就業規則を知りうべき状態に置くだけでは不十分であり、積極的に知らせること（了知）が必要であろう[10]。この点、周知しなかった場合の会社側のリスクについては、懲戒解雇事案で就業規則の拘束力が認められず、したがって解雇も無効と解されている[11]。

　第2は、就業規則内容の合理性（労働契約法7条）の基準をどう解するかである。合理性といっても実際は「不合理といえないか」が問題となり、基準としての明確さに欠ける（日本郵便事件・最二小判平成30.9.14労働判例1194号5頁参照）。

　第3に、労使間で労働契約法12条の適用を排除する（不利益変更につき合理性審査が及ばない）個別合意は有効かである。9条の反対解釈として、個別合意があれば10条の合理性基準の適用がないかが争われている。私は、就業規則法制の中でこの部分だけ「合意原則」を導入することは不適切と考えている[12]。

　なお、労働協約は基本的に組合員のみに適用がある（労組法16条）。協約も書面化されているのでその内容を知ることは組合員には容易であり、周知性はそれほど問題にならない。ただ、組合に加入するか否かを判断するためにあらかじめ協約内容を知ることができるか等は論点となりうる。ユニオンショップにより加入が義務づけられるケースや協約の事業所的拡張適用（労組法17条）がなされる場合にも問題になろう。労働者（組合員）に対する組合の「協約内容の開示義務」はほとんど論じられていない。

### (2) 労働契約の履行

　契約履行時については、大別して2つのケースにおいて契約内容の確定・理解が問題になる。

　第1は、契約内容の変更時である。とりわけ賃金の減額に関して問題になり、合意内容の明確性と合理（納得）性が争われている。賃金減額

に関しては、解雇のプレッシャーで個別合意を誘導する「変更解約告知」、就業規則の不利益変更、労働協約の不利益変更については学説・判例上詳細な議論が蓄積されている[13]。さらに、個別合意のさいに要求される労働者の真意（山梨県民信用組合事件・最二小判平成 28.2.19 労働判例 1136 号 6 頁）も判例法上重視されている。これらは、労働法学上の主要テーマであるが、ワークルール教育としてどのように教えるべきかの論議はほとんどなされていない。

　契約内容の変更に関しては、主に労働時間ルールの変更・具体化につき労基法上の独自の規制がなされている。時間外労働に関する 36 協定の締結（その他に、32 条の 2、32 条の 3、32 条の 4、32 条の 5 等がある）や企画業務型裁量労働制の導入についての労使委員会の決議・個別労働者との合意（38 条の 4 第 1 項 6 号）等である。この個別合意の実際の取り方についてまではほとんど議論がなされていない。高度プロプロフェショナル制度との関連においても同様な手続き規制が採用されているので（労基法 41 条の 2）、今後も重要な論点といえる。

　よりドラスチックなものとして、指揮命令関係の変更として出向や派遣のケースがある。移籍出向や新規に労働者派遣の対象とする場合（派遣法 32 条 2 項）には個別同意が必要とされる。さらに、契約類型自体の変更（たとえば、雇用契約から準委任契約へ）についても個別合意は不可欠である。賃金額ではなく賃金体系の変更についても準用して考えられるかは問題となる[14]。

　この労働条件の不利益変更については、最近、産休・育児休職の取得を契機とする不利益変更合意のありかたも、主に育児・介護休業法 23 条の 2 の解釈との関連において問題となっている。ここでも適切な情報提供、説明等が必要とされ、形式的な合意がなされていても労働者の真意ではないとして無効と解されている例もある（広島中央保健生協事件・最一小判平成 26.10.23 労働判例 1100 号 5 頁、フードシステム事件・東京地判平成 30.7.5 労働判例 1200 号 48 頁）。

　第 2 は、使用者の特定の措置が業務命令か否かの確定の問題である。使用者の特定の措置、行為が業務命令に該当するか否かは、違反に対す

る懲戒処分の可能性、それに従った場合の賃金請求の可否等で争われる。とくに重要な論点は、労働時間性、つまり賃金（多くの場合割増し賃金）請求権が認められる業務命令か否かの問題であり、労働者があらかじめもしくは事後的であってもその点を明確に知る必要性は高い。この問題については、使用者の労働時間の適正把握・管理義務という発想が示唆的であり[15]、実際にも、働き方改革の関連で一定の立法的措置がなされている（労働安全衛生法66条の8の3）。

　労働時間管理義務の観点からは、使用者として労働者に対し一定の報告をさせることも必要になる。インフォプリントソリューションズジャパン事件では、報告を求めたことがハラスメントに当たるかが争われた。東京地判（平成23.3.28労働経済判例速法2115号25頁）は次のように説示し、ハラスメントに該当せず解雇も有効としている。本件はやや特異な事案であるが、この管理義務と業務命令権との関連は今後重要な論点となろう[16]。

　「使用者が、労働時間を管理するため、時間外労働について、その具体的な業務内容の報告を求め、三六協定に違反しそうな従業員の労働に関して具体的な労働時間の報告を求めることは、労働基準法の見地からは、重要で合理的なものに他ならない。

　してみると、現在の法制度を前提とすれば、C部長や人事部による労働時間管理に関する業務指示、命令の内容自体は、問題はないのであり、上記認定事実によれば、被告が労働時間管理のための報告を求めていることをハラスメントの行為とし、上司から繰り返して発せられる労働時間管理に関する業務指示、命令に従おうとしていない（原告が、具体性のある残業申請をしたことは、証拠上、認められない。）ことは、現在の法制度のもとで企業に雇用される者として、不適切な行動であるといわなければならないし、労働基準監督署や労働組合等の、労働法制に関する基本的な理解を得ることが期待できる環境にあった原告が、C部長や人事部による合理性のある業務指示、命令に一貫して抵抗する対応は、あまりにも不合理なものであるといわざるを得ない。」

### (3) 労働契約の終了

契約終了は、意思にもとづく場合が多く、解雇、退職（合意解約、辞職）のパターンがある。そのいずれかによるかによって法的な構成・利害関係がはっきりと異なるので意思内容を明確にする必要が高い。とりわけ、使用者の一定の発言が、解雇の意思表示なのか、合意解約の申込み（もしくはその誘引）なのかが不明確な事例が少なくない。労務管理の仕方として、はっきりさせないことによって、解雇的なプレッシャーをかけつつ、退職構成としてリスクを回避することが目指されがちである。そこで、使用者の意思内容の確認とともに、それが解雇の意思ならばその理由や就業規則該当条項の明示を求めることが必要となる。そこで労基法 89 条 1 項 3 号において、解雇事由を就業規則の絶対的必要記載事項とし、また、22 条により解雇理由の証明書の交付について規定している。この解雇理由の明確化は、労働者の納得のためにも、無用な紛争を回避するためにも有用といえる[17]。

退職に関しても、労働者サイドのやめるという意思が「合意解約の申込み」なのか「辞職」なのか、さらに法的な意味の無い愚痴なのかをはっきりさせる必要がある。最近いわゆるブラックバイト事案において「やめさせてくれない」という相談が多いので退職の自由があることの理解も重要である。全体として、解雇は別として有期雇用の終了を含む退職過程をめぐる法理の理解は十分ではなく、多様な紛争が生じている[18]。

1) たとえば、「不更新特約」について、その効果が明確になればなるほど強行法規（労働契約法 19 条）違反という色彩が明確になる。拙稿「不更新特約と労働契約法 19 条」労働判例 1089 号（2014 年）15 頁。
2) 論争状態は、淺野高宏「個別合意による労働条件の不利益変更」土田・山川編『労働法の争点』（有斐閣、2014 年）144 頁参照。
3) 都南自動車教習所事件・最三小判平成 13.3.13 労働判例 805 号 23 頁。本判決の問題点については、拙稿・判批『判例評論』515 号 189 頁（2002 年）。
4) 就業規則法理の問題点については、拙著『ワークルールの論点──職場・仕事・私をめぐって』（旬報社、2019 年）45 頁以下。
5) これらの問題については、拙著『労使関係法における誠実と公正』（旬報社、2006 年）224 頁以下参照。

6) 実際には締結段階とともにその変更が問題になる。野田進「労働契約における『合意』」日本労働法学会編『講座21世紀の労働法 第4巻 労働契約』（有斐閣、2000年）19頁参照。

7) 有効要件ならば、口頭の合意によっては労働契約自体が成立しないことになる。

8) たとえば、減額合意について、ザ・ウインザー・ホテルズ・インターナショナル事件・札幌高判平成24.10.19労働判例1064号37頁、NEXX事件・東京地判平成24.2.27労働判例1048号72頁、技術翻訳事件・東京地判平成23.5.17労働判例1033号42頁等。なお、早く仕事に就きたいいっしんを利用したもので公序良俗に反する合意であるという判断も示されている。オリエンタルモーター事件・東京地判平成18.1.20労働判例911号44頁。

9) たとえば、日新火災海上保険事件・東京高判平成12.4.19労働判例787号35頁。小宮文人「採用過程の法規制と契約締結上の信義則」西谷敏先生古稀記念論集『労働法と現代法の理論 上』（日本評論社、2013年）299頁。

10) 拙著『労働組合法の応用と課題——労働関係の個別化と労働組合の新たな役割』（日本評論社、2019年）73頁以下。

11) フジ興産事件・最二小判平成15.10.10労働判例861号5頁。

12) 前掲『労働組合法の応用と課題』64頁参照、最近の例として熊本信金事件・熊本地判平成26.1.24労働判例1092号62頁。

13) たとえば、大内伸哉『労働条件変更法理の再構成』（有斐閣、1999年）、荒木尚志『雇用システムと労働条件変更法理』（有斐閣、2001年）。

14) 拙稿「成果主義人事制度導入の法律問題（1）」労働判例938号（2007年）5頁。

15) 淺野高宏「労働時間管理義務に関する実務上の諸問題」小宮文人他編『社会法の再構築』（旬報社、2011年）121頁参照。注目すべき裁判例としてはフォーシーズンズプレス事件・東京地判平成20.5.27労働判例962号86頁ダ、セントラルパーク事件・岡山地判平成19.3.27労働判例941号23頁等。

16) ヒロセ電機事件・東京地判平成25.5.22労働判例1095号63頁等。

17) 懲戒解雇事案であるが、山口観光事件・最一小判平成8.9.26労働判例708号31頁。

18) 詳しくは、前掲『ワークルールの論点』171頁以下参照。

## 第2章　権利主張・行使に対する抑圧

　ここでは、近時の具体的な裁判例を素材に、多様な形態によって権利主張・行使が阻害されている実態を紹介し、それを踏まえて権利主張・実現を保障する観点から問題点を指摘する[1)]。

## 1　法の建前と抑圧構造の全体像

　まず、法の建前と抑圧構造の全体像を検討しておきたい。
　労働契約の世界は、対等当事者間の合意を通じて労働条件等を決定することが想定されている。法的には取引をおこなう意思・行為能力が前提となり、それは基本的には民法レベル（4条以下）で規定されており、労基法に若干の特別規定があるにすぎない（58条、59条）。ワークルールの知識があるか、独立して的確な判断ができるかは問題にならない。疑問をもつほうが結果的に不利になることさえある[2)]。まさに、自己決定・自己責任の世界といえる。
　しかし、労使関係において実際の交渉力には大きな相違があるので一定のチェックがなされている。立法による最低労働基準の設定や強行法的な労使間ルール（差別の禁止等）である。また、集団化の促進（情報・行動の共有、相談）による交渉力強化も図られている。端的なのは労働組合を通じての交渉である。個別契約レベルにおいても、個人の交渉能力を確保するために法的な知識や当該交渉をする資質、さらに社会的支援が不可欠である。実際の事案においても法的な知識の必要性を示す例は多い（83頁）。ここにワークルール教育の必要性がある。
　以上の法の建前にもかかわらず、実際には職場において多様な抑圧がなされており、適切な合意原則が貫徹していない。実際の紛争・裁判例をふまえるとそのメカニズムはおおむね以下のとおりである。

第1の局面は、締結過程である。集団性・継続性・包括性を有する労働契約の特質と契約内容明確化の要請の調整が問題になる。

　法的には使用者に労働条件の明示義務（労基法15条）が課され、契約内容の理解の促進（労働契約法4条）が要請されている。契約内容の明確化の観点から書面化も重視されている（労基法施行規則5条4項、契約法4条2項）。また、就業規則の周知（労働契約法7条）や合意の真意性の観点から関連情報の開示・説明も重視されている。

　書面化と関連して、使用者による確認書・誓約書の提出「強制」のケースもあり、その目的・内容によっては労働者の権利行使に対する自己規制・抑制をも意味することがある。労働者の尊厳を害することにもなる（86頁）。

　同時に、締結過程において労働者サイドについても契約上「真実告知義務」が課されており、詐称の程度によっては懲戒解雇事由と見なされている。実際の面接においては使用者からの質問に答えない自由はほとんどない。したがって、プライヴァシーや個人情報に関する告知をどう規制・保障するかは現在でも重要な課題といえる（87頁）。

　合意内容の明確化の要請にもかかわらず、不明確な場合にそれを労働者サイドで是正、すなわち明確にすることは実際は困難である[3]。真意による合意実現のために使用者に対し疑問・質問をすることは有益である。しかし、そのような行為を理由として不利益な取扱いがなされることがあり、適切な交渉を阻害している。実際にも、質問・疑問の提起さえ「反抗的態度」とみなされ自制することになりがちである。最近の判例法理は、合意過程における真意性の確保のために、適切な情報開示や説明を重視している。理論的にはそのとおりであるが、相当な説明等がなされても納得がいかない場合にノーという力（交渉力）がなければ、やはり適切な合意はできない。へたに質問し理解を深めることが有利になるわけではない。いやらしい表現をすれば「知らないほうが」裁判では有利になることさえある。結局、交渉力の確保こそが最大の課題となっている。

　交渉力確保のためには、組合の結成、それまでいかなくとも一定の集

団化が有用である。前者については、不当労働行為制度が整備されているが、団結権等に関する教育はほとんどなされていない[4]。

　第2の局面は労働契約の履行過程であり、多様な抑圧がなされその是正の観点から次のような規制がなされている。

　その1は、労基法等の実定法による最低労働条件基準の設定である。当該規定の趣旨や解釈の知識が必要になり、規定内容の周知も要請されている（労基法106条、最低賃金法8条等）。実定法上の権利行使を理由とする不利益取扱いは明文の規定で禁止されている。さらに使用者による規定内容の不正確な教示によって権利行使が妨げられることもありこれも許されていない。実際には、業務上の都合との調整を余儀なくされる年休権（91頁）や育児休業後の処遇のあり方（95頁）が多く問題となっている。端的にワークルール教育の必要性が示される領域である。

　その2は、就業規則・協約による規制であり、就業規則や協約内容の周知が問題になる。前者の就業規則については、労基法106条、労働契約法7条、10条の関連規定があり、多様な紛争が生じている。後者の協約については、どういうわけか組合員に対する周知という問題関心さえない。

　その3は、業務命令権行使のあり方である[5]。包括的な業務命令権が労働契約の特徴のひとつであり、判例法理は、合意の範囲と権利濫用の観点からの規制がなされており一定のチェックがなされている。しかし、裁判規範レベルはともかく、実際の職場において労働者が業務命令の適否をその都度問題にすることはきわめて困難といえる。その点では、業務命令権は使用者の権力の基盤といえる。

　職場における抑圧構造の解明のためには、この業務命令権のメカニズムを明らかにする必要がある。しかし、このような問題関心も案外希薄である。たとえば、命令の遵守につき、自主と強制との関連や自主性の内面化がどのようになされるかの論点である。業務命令権の「命令」的側面、もしくは「非命令」的側面の解明といえる。

　その4は、懲戒秩序のあり方である。これが企業秩序を最終的に担保している。労働契約法15条は懲戒権の濫用を無効としているが、懲戒

「権」の法的根拠についての議論は低調である。人事管理や共同作業からのニーズは理解しうるが、労使対等原則や自主的な働き方の観点から法理的に十分な根拠付けができるかははっきりしていない。

契約履行のさいに業務命令として労働者に一定の行為が義務づけられ、当該業務命令の内容や当否につき労使間で協議や話し合いがなされることがある。この過程での労働者の行為、たとえば意見の表明（100頁）、また使用者の要請に対する拒否（102頁）さらに同僚への働きかけ（98頁）につき、それらの行為が使用者から抑圧されることも少なくない。このような使用者の行為は、職場における適切な労使間、もしくは労働者相互間のコミュニケーションを阻害すると同時に他の従業員に対する抑制（見せしめ）的機能も見逃せない。パワハラ問題が発生する基盤ともなる。

第3の局面は、契約の終了過程である。使用者の一方的意思にもとづく解雇については、企業の抑圧構造を基礎づけるものといえる。しかし、法的には一定のルールが確立し（たとえば、労働契約法16条）、相当な理由が必要であるという法的な知識もそれなりに定着している。

他方、労働者の意思が介在する退職過程については、明文の規定を欠き、また事実関係も多様なので一般の人がその法的性格を理解することは必ずしも容易ではない。とりわけ、辞職と合意解約の違い、退職合意の評価（効果意思の有無、真意性）、退職の自由等が問題になる。さらに、退職過程における使用者からの強要をどうチェックするかの問題もある。

さらに、有期雇用については、更新（拒否）過程における合意のあり方についても不明確な部分が多い。期間満了時における労働者からの辞職なのか、合意解約なのか、または使用者からの更新拒否なのかをはっきりしない、よりリアルにいえばはっきりさせない例も少なくない。このファジーな領域に関するワークルール教育はかなり難しい。

以上のほかに、労働者の権利行使を裁判所を利用して抑制する試みもなされている（104頁）。とりわけ、使用者に対する組合のプレッシャー活動を違法視する近時の裁判例には多くの問題がある（107頁）。ここでは団体行動権の位置づけや労使のダイナミズムの評価が問題になるが、

それらの権利行使を嫌悪する秩序感覚が蔓延している。集団的かつ自力での権利実現が阻害されている。

## 2　法的な知識・理解の必要性

　権利主張の前提として一定の法的知識・理解が必要である。

　労働者サイドについては、労働契約法4条1項が「使用者は、労働者に提示する労働条件及び労働契約の内容について、労働者の理解を深めるようにするものとする。」と規定し、理解の促進を図っている。労使対等合意原則から使用者による一方的不利益変更は許されず（労基法2条、労働契約法3条）、そのために労働条件の明示・説明・情報開示等が要請される（労基法15条、労働契約法4条）。

　「労働契約法の施行について」（平成24.8.10基発0810第2号）は、その趣旨について、「例えば、労働契約締結時又は労働契約締結後において就業環境や労働条件が大きく変わる場面において、使用者がそれを説明し又は労働者の求めに応じて誠実に回答すること、労働条件等の変更が行われずとも、労働者が就業規則に記載されている労働条件について説明を求めた場合に使用者がその内容を説明すること等が考えられるものであること。」があげられている。

　裁判例においても、前述のように合意時の真意性のレベルにおいて説明の適切さが指摘されている。契約内容の変更のさいにも「契約の利害得失を十分に検討する機会」が必要であると判示されている（熊谷組事件・大阪高判平成18.2.17労働判例922号68頁）。

　また、強行法規との関連でも労働者の合意等が適切な理解にもとづく自由な意思によるものかについて問題になっている。たとえば、タックジャパン事件・最一小判（平成24.3.8労働判例1060号5頁）では、時間外手当の請求権の「放棄」について、時間外手当ルールについての適切な理解がなされていないことを前提とする判断であると指摘されている。また広島中央保健生協事件最一小判（平成26.10.23労働判例1100号5頁）は、妊娠を理由とする降格が均等法9条3項に違反するかにつき、労働

者（上告人）の渋々の「同意」につき、「本件措置による影響につき事業主から適切な説明を受けて十分に理解した上でその諾否を決定し得たものとはいえず、上告人につき前記 (1) イにいう自由な意思に基づいて降格を承諾したものと認めるに足りる合理的な理由が客観的に存在するということはできないというべきである。」と判示している。強行法規ルールを適切に理解することの重要性を指摘する判断と評価しうる。

　使用者に一定の説明義務を課すことは労働者の理解を促進する機能を果たすので、理解や知識がないリスクは基本的に労働者が負うべきものとされる。皮肉なことに、労働者が理解しようとして契約条文の問題点を指摘し、その結果不利な変更がなされる例もある（ベストFAM事件・東京地判平成 26.1.17 労働判例 1092 号 98 頁）。交渉力のなさは、決定的である。

　また、「動機の錯誤」問題につき、判例法理は労働者の法律行為の動機に錯誤があることを使用者が知っているもしくは知り得たことを理由に当該行為を無効としている（駸々堂事件・最三小判平成 11.4.27 労働判例 809 号 82 頁、原審は大阪高判平成 10.7.22 労働判例 748 号 98 頁）[6]。たとえば、解雇事由の正当性（正当な解雇事由があると思って退職に合意したケース）についての判断に錯誤があったといえるためには、労働者がその点につき正確な判断ができなかったことが前提となる。つまり、労働法の知識のある者については誤信は認定されずらく、錯誤についての重大な過失は認定されやすくなるからである。実際にも、労働者の質問によって、役職定年制の運営についての錯誤を回避しえたがゆえに労働者に重大な過失があると判示されている例さえある（日本旅行社事件・東京地判平成 19.12.14 労働判例 954 号 92 頁ダ）[7]。

　法的な知識の獲得は、自己責任をともなうことを知っておくべきである。使用者サイドについては法的知識がないことのリスクは当然である。たとえば、会社法 429 条との関連において役員の労働法の知識の必要性が指摘されている（Ｉ式国語教育研究所事件・東京地判平成 25.9.20 労働経済判例速報 2197 号 16 頁）。しかし、コンプライアンスが重視されている割に、労働法の知識習得に関しては経営サイドはそれほど熱心ではない

ように思われる。熱心でない使用者だから労使紛争が起こるともいえる。

　ところで、契約内容の理解の必要性は、外国人労働者についてとくに強調されている（ナルコ事件・名古屋地判平成25.2.7労働判例1070号38頁）。実際には、労働条件を適切に理解することは、ことばについてハンディがありわが国の文化、労働慣行に疎い外国人にとっては困難である[8]。

　その点につき、トラブルは多いので厚労省は、「外国人労働者の雇用社会の改善等に関して事業主が適切に対処するための指針」（2007年8月3日厚労省告示276号）で、①労働条件の明示につき、イ　書面の交付として、「事業主は、外国人労働者との労働契約の締結にさいし、賃金、労働時間等主要な労働条件について、当該外国人労働者が理解できるようその内容を明らかにした書面を交付すること。」、ロ　賃金に関する説明につき、「事業主は、賃金について明示するさいには、賃金の決定、計算及び支払の方法等はもとより、これに関連する事項として税金、労働・社会保険料、労使協定に基づく賃金の一部控除の取扱いについても外国人労働者が理解できるよう説明し、当該外国人労働者に実際に支給する額が明らかとなるよう努めること。」、また、②労働基準法等関係法令の周知につき、「事業主は、労働基準法等関係法令の定めるところによりその内容について周知を行うこと。そのさいには、分かりやすい説明書を用いる等外国人労働者の理解を促進するため必要な配慮をするよう努めること。」、さらに、③安全衛生教育の実施につき、「事業主は、外国人労働者に対し安全衛生教育を実施するに当たっては、当該外国人労働者がその内容を理解できる方法により行うこと。特に、外国人労働者に使用させる機械設備、安全装置又は保護具の使用方法等が確実に理解されるよう留意すること。」や「事業主は、外国人労働者が労働災害防止のための指示等を理解することができるようにするため、必要な日本語及び基本的な合図等を習得させるよう努めること。」が指摘されている[9]。

　以上の要請はなにも外国人に限ったことではなく、労働契約締結のさいに一般的に留意すべき事項といえる。

## 3 契約締結過程における労働者に対する抑制行為

労働契約締結過程において、交渉力の弱さから労働者は不利な立場にあるので、対等な立場で合意するのは困難である。とりわけ、面接時の質問や関連情報の収集につき決定的に弱い立場にある。これは法理上は主に労働者の「真実告知義務」のあり方として問題とされる。また、締結過程において、労働者が自己の主張をし、相手の主張や説明に疑問を呈することはもっとも基本的な権利に他ならないが、この点が直接問題になることは少ない。

### (1) 契約書の作成段階の行為

契約締結過程において書面の締結や関係書類の提出が必要とされることは少なくない[10]。この点のトラブル故に契約自体が成立しないこともあり、通常は労働者の当該対応を理由として、契約自体を成立させないケースが多いと思われる。契約締結過程のどの段階で確定的な合意が成立したかの問題でもある（最近の例として、東京港運事件・東京地判平成 29.5.19 労働判例 1184 号 37 頁、Apocalypse 事件・東京地判平成 30.3.9 労働経済判例速報 2359 号 26 頁）。

契約不成立以外に契約締結過程において使用者の意向に従わなかったことを理由にその後解雇された事例もある。たとえば、労働者が労働契約書への署名を拒否したことを理由とする解雇が違法とされている（学校法人 M 学園事件・東京地判平成 24.7.25 労働経済判例速報 2154 号 18 頁）。契約締結のさいの誓約書についても、その提出拒否を理由とする解雇が無効とされている（アウトソーシング事件・東京地判平成 25.12.3 労働判例 1094 号 85 頁ダ）。遵守事項の誓約は任意提出が原則であり業務命令で提出を強制できないことがその理由とされている。

なお、契約締結段階ではないが、賞与の返還等に関する誓約書を「手書き」させることの適否も問題となっており、学校法人実務学園他事件・千葉地判（平成 20.5.21 労働判例 967 号 19 頁）は、「本件誓約書を原

告に手書きさせることによって、原告に屈辱感を与えるとともに、併せて平成16年度における原告の年収をさらに減額させることを意図し」た等として、人格権を侵害する違法な行為と判示している。

### (2) 真実告知義務

労働契約締結過程において、労使は誠実に行動することが期待されている。使用者の質問等に対する労働者の対応との関連では労働者の「真実告知義務」のあり方が問題になり、実際の紛争も多い。具体的には経歴等の詐称が労働契約成立後に見つかったならばそれを理由として懲戒解雇をなし得るかとして主に争われている[11]。懲戒解雇と結びつくことにより、人事・職場秩序を維持しているが、その運用によっては労働者に対し抑圧的な機能をも果たす。とりわけ、契約締結過程における面接や関連文書の提出の仕方によって、契約自体が成立しないことがあるので、もっとも抑圧的な環境において問題となるわけである。

実際には、経歴だけでなく政治信条等の「秘匿（詐称）」も争われ、リーディングケースである三菱樹脂事件最高裁（最大判昭和48.12.12労働判例189号16頁）は、詐称の程度によっては解雇が可能になるとともに、政治的信条ゆえの不採用は労基法3条に違反するものではないとした。特定の信条をもつものにとっては、それを秘匿すると懲戒解雇の可能性があり、開示したら採用されないというリスクを負うことになったわけである[12]。

では、労働者には真実告知義務があるだろうか。裁判例は以下のように労使間の信頼関係を重視する肯定説が多いと思われるが、やや批判的な立場もあり、一応対立した状況にある。

たとえば、炭研精工事件・東京高判（平成3.2.20労働判例592号77頁、上告棄却・最一小判平成3.9.19労働判例615号16頁）は、次のように説示している。「雇用関係は、労働力の給付を中核としながらも、労働者と使用者との相互の信頼関係に基礎を置く継続的な契約関係であるということができるから、使用者が、雇用契約の締結に先立ち、雇用しようとする労働者に対し、その労働力評価に直接関わる事項ばかりでなく、当

該企業あるいは職場への適応性、貢献意欲、企業の信用の保持等企業秩序の維持に関係する事項についても必要かつ合理的な範囲内で申告を求めた場合には、労働者は、信義則上、真実を告知すべき義務を負うというべきである」。

同様な判断は、メッセ事件・東京地判（平成 22.11.10 労働判例 1019 号 13 頁）や KPI ソリューションズ事件・東京地判（平成 27.6.2 労働経済判例速報 2257 号 3 頁）でも示されている。

同時に、KPI ソリューションズ事件・東京地判は、「経歴等の詐称が解雇事由として認められるか否かについては、使用者が当該労働者のどのような経歴等を採用に当たり重視したのか、また、これと対応して、詐称された経歴等の内容、詐称の程度及びその詐称による企業秩序への危険の程度等を総合的に判断する必要がある。」と判示している。多数説の立場は、労使関係が相互の信頼関係を基礎とする継続的契約関係であることを重視し、詐称内容や経緯から懲戒解雇につき一定の歯止めをかけるという構成になっている。

他方、採用面接の実際からして、当該義務に批判的な見解も示されている。たとえば、前勤務先でのパワハラ等の不告知を理由の解雇の効力が争われた学校法人尚美学園事件では東京地判（平成 24.1.27 労働判例 1047 号 5 頁）は次のように説示している。「採用を望む応募者が、採用面接に当たり、自己に不利益な事項は、質問を受けた場合でも、積極的に虚偽の事実を答えることにならない範囲で回答し、秘匿しておけないかと考えるのもまた当然であり、採用する側は、その可能性を踏まえて慎重な審査をすべきであるといわざるを得ない。大学専任教員は、公人であって、豊かな人間性や品行方正さも求められ、社会の厳しい批判に耐え得る高度の適格性が求められるとの被告の主張は首肯できるところではあるが、採用の時点で、応募者がこのような人格識見を有するかどうかを審査するのは、採用する側である。それが大学教授の採用であっても、本件のように、告知すれば採用されないことなどが予測される事項について、告知を求められたり、質問されたりしなくとも、雇用契約締結過程における信義則上の義務として、自発的に告知する法的義務が

あるとまでみることはできない。」

　同様な判断は、風俗店での就労を詐称したことを理由の解雇の効力が争われた事案についての岐阜地判（平成25.2.14 LEX/DB25445513）やクレディ・スイス證券事件・東京地判（平成28.7.19 労働判例1150号16頁）でも示されている。

　ではどう考えるべきか。真実告知義務は抽象的な信義則レベルでは、適切なものといえる。しかし、採用過程における使用者の決定的に優位な立場、質問事項について制限することが困難なこと[13]、さらに広範な採用の自由を考慮すると、告知すべき内容を職務と密接に関係した事項に限定することが必要ではなかろうか。同時に、義務違反の態様についても、悪質なもの（あえて虚偽の申告をした）に限定することも考えられる。

　とりわけ、懲戒処分の圧力によって真実告知を義務づけることは、その義務の内容・程度によっては労働者サイドの契約上の地位を不当に抑圧する恐れがある。三菱樹脂事件最判も見直しの時期ではなかろうか。さらに、現代では個人情報保護法上の要請もある[14]。

## 4　権利主張・行使を理由とする不利益取扱い

　権利主張・行使を理由とする不利益取扱いの事例は非常に多い。労組法7条や労基法3条は、まさに特定の活動を保護する目的をもつ。また、監督機関（労基法104条2項）や救済機関（労組法7条4号）への申告・申立、さらに労働局への解決の援助等（個別労働関係紛争解決促進法4条3項、5条2項、男女雇用機会均等法17条2項）を理由とする不利益取扱いが禁止されている。また、権利を行使したことを理由とする不利益取扱いも禁止されている（育児介護休業法10条、16条等）。

　ここでは、保護されるべき権利主張・行使の内容とともに不利益取扱いやいやがらせの多様なパターンにも着目したい[15]。

### (1) 組合活動上の権利行使

　組合活動を抑制することは支配介入の不当労働行為（労組法7条3号）とされ、膨大な労働委員会命令および取消訴訟がある[16]。司法救済事案も多く、多様な団結権侵害行為（たとえば、事務室内における監視カメラ設置）を理由とする損害賠償請求事案も増加している。さらに、不当労働行為の申立等をしたことを理由とする不利益取扱いも禁止されている（同条4号）。

　労働組合の結成・運営は交渉力強化の端的な手段なので、不当労働行為の効果的規制は労使間合意の実質化の観点からも重要である。しかし、労働組合の存在が身近でないので、実際のワークルール教育では教えにくいテーマである。

### (2) 労基法上の権利行使

　労基法で規定する労働条件基準に違反する合意は無効になる（13条）。同時に実際に就労させた場合には刑事罰が課せられる（119条、120条）とともに不法行為を構成することもある[17]。また、監督機関に対する申告を理由とする不利益取扱いは禁止されている（104条2項、なお、労働者派遣法49条の3第2項も参照）。

　実際にも、監督機関等への申告や相談を理由として多様な不利益取扱がなされており、裁判上違法とされている。たとえば、職安法違反の申告を理由として不相当な業務に従事させたこと（パナソニックプラズマディスプレイ事件・最二小判平成21.12.18労働判例993号5頁）や労働局に行政指導を求めたことを理由とする解雇（テー・ピー・エスサービス事件・名古屋地判平成20.7.16労働判例965号85頁ダ）は不法行為に当たるとされる。また、東京自転車健康保険組合事件・東京地判（平成18.11.29労働判例935号35頁）は、退職金規程の改定等に反対する原告が労基署等の関係機関に相談したことを快く思わず整理解雇を強行したとして解雇の無効とともに慰謝料の支払いを認めている。さらに割増賃金請求通知後になされたマネージャーの罵詈雑言が不法行為とされ使用者責任も

認められている（昭和観光事件・大阪地判平成 18.10.6 労働判例 930 号 43 頁）。

### 1）年休権取得との関連

　労基法上の権利主張や権利行使を「間接的に」阻害する行為をどう評価すべきかについては判断が分かれている。とりわけ、年休権取得について以下のように多様な判断が示されている[18]。使用者の当該措置が労働者の権利行使にどのようなインパクトがあるかの想像力の問題でもある。

　裁判例としては、主に時季変更権行使のあり方が問題となっており、年休承認後の使用者による取消が違法となるという判断（全日本空輸事件・大阪地判平成 10.9.30 労働判例 748 号 80 頁）やその不当な行使により年休権自体が失効したことが債務不履行に当たるという判断（西日本 Ｊ Ｒバス事件・名古屋地金沢支部判平成 10.3.16 労働判例 738 号 32 頁）が示されている。とりわけ、後者の事案では「労働契約上の債務不履行」構成をとっている点や「勤務環境や職務の性質等を考慮すれば、被控訴人が控訴人の時季変更権の行使に対し強く異議を述べることなく就業したことをもって被控訴人に対し不利益に重視することは相当でな」いという注目すべき説示がなされている。

　年休の取り方についての会社の取扱実務や規制も問題になる。出水商事事件では、年休ルールの違法な制限が問題になり、東京地判（平成 27.2.18 労働経済判例速報 2245 号 3 頁）は、「労基法の規定に基づいて労働者に年次有給休暇を取得する権利が発生した場合には、使用者は、労働者が同権利を行使することを妨害してはならない義務を労働契約上も負っている」とし、中津市事件・大分地中津支部判（平成 28.1.12 労働判例 1138 号 19 頁）でも、年休付与に関する誤った情報の告知が違法とされている。これらは、ワークルールの知識の必要性を端的に示す事案といえる。より積極的な抑圧行為も問題となっており、日能研関西ほか事件大阪高判（平成 24.4.6 労働判例 1055 号 28 頁）は、上司たる A 課長の取り下げるようにとの発言を違法と判断した。

　さらに、年休権を行使し（え）なかったことの評価について、過労死

の業務性が争われた京都上労基署長（大日本京都物流システム）事件において争われている。本件では、病状の不告知ゆえに相当因果関係が否定されるかが争われ、大阪高判（平成 18.4.28 労働判例 917 号 5 頁）は、年休がとりにくい状態等の実態から太郎の不申告をその責めに帰すべき事由として、相当因果関係存否の判断に当たって考慮するのは相当ではないとした。

　年休権については、実際の取得率が一貫してあまりにも低いので、その向上のための施策がはかられている。計画年休制（労基法 39 条 6 項）や使用者による年休付与「義務」（同 7 項）である。権利実現の観点からパターナリステックな施策が好ましいかは評価の分かれるところである。

### 2）間接的な抑制行為——淀川海運事件

　その他の阻害態様として、労基法上の権利行使を理由として間接的ながらかなり抑制的機能がある措置の是非が争われた注目すべき事例として淀川海運事件がある。日本的な抑圧構造を端的に示す例なのでここではやや詳しく検討したい。本件は、他の従業員の反感を理由とする整理解雇「基準」の相当性が争われ、実際には時間外手当の支払を求める別件訴訟（東京地判平成 21.3.16 労働判例 988 号 66 頁）の提起を理由とする基準の設定が問題となった。

　原審（東京地判平成 23.9.6 労働経済判例速報 2177 号 22 頁）は、人選の合理性についても公正さに欠ける面があったとして次のように判示した。「第 1 次訴訟における X（原告）の権利行使は、裁判所に正当なものと認められている以上、Y（被告会社）としては、少なくともそれに対し中立的な態度を採るべきであるにもかかわらず、他の従業員の反感、不満のみを重視し、X のみを非協調的であると評価するのは、結局のところ、訴訟提起自体を非難の対象とするのと変わりはないというべきである」。

　他方、東京高判（平成 25.4.25 労働経済判例速報 2177 号 16 頁）は次のように説示し整理解雇を有効とした。「再建途上の Y において、企業の存

続と雇用の継続を第一に考えるＹの他の従業員らが、Ｘについて自己中心的で協調性に欠ける人物として受け止めるにとどまらず、嫌悪感を抱き、反発するようになったことは必ずしも不自然なこととはいえず、現に多くの従業員がＸの職場復帰を拒絶する意思を表明していることもあながち理解できないわけではない」。また、「労働契約が労使間の信頼関係に基礎を置くものである以上、他の従業員と上記のような関係にあったＸを、業務の円滑な遂行に支障を及ぼしかねないとして、被解雇者に選定したＹの判断には企業経営という観点からも一定の合理性が認められるというべきであって、これを不合理、不公正な選定ということはできない。なお、本件においては、Ｙの経営陣も、イで述べた従業員と同様のＸに対する強い嫌悪感を抱いており、そのことが整理解雇の対象者の人選に影響していることは否定できないところであるが、そのような事情があったからといって、Ｘを対象者に選定したことが直ちに不合理、不公正なものとなるものではないと解するのが相当である。」

　整理解雇において人選基準としての勤務態度不良や「協調性の欠如」が主張されることは少なくない。通常は、労働者の性格というより自己本意的な勤務態度により具体的に業務上の阻害が発生したケースを想定している。では、本件のように会社に対する訴訟や組合として一定の見解を表明したことを理由とする場合はどうか。Ｙは、人選基準として「非協調的な言動に対する他の従業員の強い反感や不信感が蓄積し、Ｙの業務の適正な遂行に支障が生じていたこと」と主張していた。原審は、訴訟提起につき、「少なくともそれに対し中立的な態度を採るべきであるにもかかわらず、他の従業員の反感、不満のみを重視し、Ｘのみを非協調的であると評価するのは、結局のところ、訴訟提起自体を非難の対象とするのと変わりはない」として人選基準が公正さに欠けると判断した。

　会社と対立した立場に立ったことが整理基準とされた例は多く、通常は相当な基準とはみなされていない[19]。他方、本件控訴審は次のように判断している。①Ｘらの提訴は、Ｙとの関係においては非難される

べきものでないが企業の存続と従業員の雇用の継続を優先して権利主張を自ら抑制した他の従業員がそれをどのように受け止めていたかは別の問題である。②再建途上において、企業の存続と雇用の継続を第一に考える他の従業員らが、Xについて自己中心的で協調性に欠ける人物として受け止めるにとどまらず、嫌悪感を抱き、反発するようになったことは必ずしも不自然なこととはいえず、現に多くの従業員がXの職場復帰を拒絶する意思を表明している。③労働契約が労使間の信頼関係に基礎を置くものである以上、他の従業員と上記のような関係にあったXを、業務の円滑な遂行に支障を及ぼしかねないとして、被解雇者に選定した判断には企業経営という観点からも一定の合理性が認められ、不合理、不公正な選定といえない。

この説示に対しては次のような疑問がありとうてい支持できない。危機的な状況とさえ評価しうる。

第1に、他の従業員（Yも含む）の嫌悪感をどう規範的に評価するか。本判決は、他の従業員のXに対する嫌悪感に深い理解を示しているが、その原因となったXの行為の評価はほとんどなされていない。自分たちが我慢しているからといって他人の正当な権利行使に「不快感」を示すことは必ずしも珍しいことではない。しかし、法的なレベルでそれが解雇を基礎づける正当な不快感さらに嫌悪感だとはとうてい思えない。この論理からすれば、整理解雇につき訴訟を提起すること自体も許されないことになる。裁判を受ける権利（憲法32条）、法治国家の危機といえる。

第2に、解雇した主体は使用者に他ならないので、従業員の意向を忖度しただけではその正当性を基礎づけることはできない。本判決は、「労働契約が労使間の信頼関係に基礎を置くもの」とか「企業経営という観点」を一応その理由としているが、はっきりと「経営陣も、イで述べた従業員と同様のXに対する強い嫌悪感を抱いており、そのことが整理解雇の対象者の人選に影響していることは否定できないところである」と認定しており、基本的に権利主張をしたことを問題にしている。このような整理解雇基準は労基法104条2項の趣旨（公序）に反する側

面があるものと思われる。同時に、組合の方針を理由とする部分については不当労働行為（労組法 7 条 1 号、3 号）と解する余地さえある。

### (3) 育休・産休の取得

産休や育児休業は子供を育てながら働き続けるためには不可欠な権利であり、権利を行使したことを理由とする不利益取扱いが禁止されている（男女雇用機会均等法 9 条、育児介護休業法 10 条、16 条、16 条の 4、16 条の 7、23 条の 2 等）。実際にも、産休後育児休業取得を阻害し退職を強要する事例がある（医療法人社団充友会事件・東京地判平成 29.12.22 労働判例 1188 号 56 頁）。

ただ、育児休業期間は就労ができなくなるので使用者に負担を課すことも否定できない。ここに一定の調整（たとえば、職務変更）が必要になる場合があり、とりわけ、専門職の場合にデリケートな紛争が発生する。

この種事案のリーディングケースは、広島中央保健生協事件・最一小判（平成 26.10.23 労働判例 1100 号 5 頁）である[20]。本件は、被上告人に雇用され副主任の職位にあった理学療法士である上告人が、労働基準法 65 条 3 項にもとづく妊娠中の軽易な業務への転換にさいして副主任を免ぜられ、育児休業の終了後も副主任に任ぜられなかったことが均等法 9 条 3 項に違反する無効なものであるとして管理職（副主任）手当の支払及び債務不履行又は不法行為にもとづく損害賠償を求めた事案である。最判は、以下のように説示して原審を破棄し広島高裁に差し戻した（差戻し審は広島高判平成 27.11.17 労働判例 1127 号 5 頁）。

「一般に降格は労働者に不利な影響をもたらす処遇であるところ、上記のような均等法 1 条及び 2 条の規定する同法の目的及び基本的理念やこれらに基づいて同法 9 条 3 項の規制が設けられた趣旨及び目的に照らせば、女性労働者につき妊娠中の軽易業務への転換を契機として降格させる事業主の措置は、原則として同項の禁止する取扱いに当たるものと解されるが、当該労働者が軽易業務への転換及び上記措置により受ける有利な影響並びに上記措置により受ける不利な影響の内容や程度、上記

措置に係る事業主による説明の内容その他の経緯や当該労働者の意向等に照らして、当該労働者につき自由な意思に基づいて降格を承諾したものと認めるに足りる合理的な理由が客観的に存在するとき、又は事業主において当該労働者につき降格の措置を執ることなく軽易業務への転換をさせることに円滑な業務運営や人員の適正配置の確保などの業務上の必要性から支障がある場合であって、その業務上の必要性の内容や程度及び上記の有利又は不利な影響の内容や程度に照らして、上記措置につき同項の趣旨及び目的に実質的に反しないものと認められる特段の事情が存在するときは、同項の禁止する取扱いに当たらないものと解するのが相当である。」

　本件は、育児休業取得の権利を明確に認めたが、休業中の人員配置や労務提供のあり方との関連において一定の調整が必要とされることも少なくない[21]。実際にも、保育事情（子を入れる保育園が決まらないという事情）等から時短勤務の合意が有効とされた例もある（ジャパンビジネスラボ事件・東京地判平成 30.9.11 労働判例 1195 号 28 頁）。他方、フーズシステムほか事件・東京地判（平成 30.7.5 労働判例 1200 号 48 頁）は、パート契約化への変更合意につき、第一子の出産により他の従業員に迷惑をかけているとの気兼ねなどから同契約の締結に至ったことなどの事情があったとしても、自由な合意によらないものと判示している。

　また、使用者の人事権との関連においても、コナミデジタルエンタテインメント事件東京高判（平成 23.12.27 労働判例 1042 号 15 頁）は、育休等を取得したことを理由の不利益な査定・年俸額の減額を人事権の濫用として無効、違法とした。また、男子従業員のいわゆるイクメンの事案につき、育児休業を理由とする昇給・昇格上の不利益措置が違法とされている（医療法人稲門会事件・大阪高判平成 26.7.18 労働判例 1104 号 71 頁）。

　さらに、育児休業の実現に向けて多様な紛争が生じている。ガイア事件は、育児休業給付金支給のための証明を使用者が拒否したことが争われ、東京地判（平成 25.10.8 労働判例 1088 号 82 頁ダ）は、労働契約上の附随義務違反として損害賠償の支払いを命じている。他方、育児介護休業法にもとづく深夜業制限請求につきそれを認めなかったことを理由とす

る損害賠償事案につき、みなと医療生活協同組合事件・名古屋地判（平成 20.2.20 労働判例 966 号 65 頁）は、同法施行規則にもとづく適式な請求がなされていないとして訴えを棄却している。

### (4) ハラスメント申告

ハラスメントの態様としては、セクハラ、パワハラ、アカハラさらに最近ではマタハラ等多様である。ハラスメントに関する法的な紛争は基本的に 2 つのパターンがある。①ハラスメントの被害者から加害者もしくは使用者への損害賠償に関するもの、②ハラスメント加害者への処分に関するもの、である。各紛争類型に応じてハラスメントか否かの基準や立証の仕方は必ずしも同じではない。最近の注目すべき傾向は、加害者・被害者個人だけに着目せず、職場全体への影響に留意する判断視角といえる。たとえば、A 社長野販売他事件では、特定人に対する退職強要行為がその行為を見聞した同僚に対しても「間接的に退職を強いるものがあるから」違法な退職行為であるという注目すべき判断が示されている（東京高判平成 29.10.18 労働判例 1179 号 47 頁）。加害者サイドについても、加害行為者以外に加害時に同席した者についても幇助をしたとして不法行為責任が認められている例もある（A 住宅福祉協会理事ら他事件・東京地判平成 30.3.29 労働判例 1184 号 5 頁）。

必ずしも違法というわけではないが不適切な行為類型としてのハラスメントの例もある。それらをめぐる紛争は人間関係的な側面もありその適切な解決は困難である[22]。会社はとりわけパワハラについて労働者サイドの不適切な権利主張が増加することを危惧しているので[23]、今後同種トラブルが増加することが予想される。

ハラスメントの申告等をしたことは、それ自身を理由とするよりも協調性欠如や職場秩序違反として処分の対象となることがあり、その判断が困難なケースもある。以下では、権利行使との関連が争われたケースを紹介する。

C 社事件では、セクハラの被害申告を虚偽であると決めつけてなされた解雇が不法行為に当たるかが争われ、大阪地判（平成 24.11.29 労働判例

1068号59頁）は以下のように説示し、会社代表者に重過失有りとした。「女性従業員の原告が代表者の被告 P2 に被告 P3 からのセクハラ被害を報告し、被告 P2 もそれにより初めてそのような事実が存在する可能性を認知した以上、事業主である被告 P2 は、まず、事案に係る事実関係を迅速かつ正確に確認するために、当事者の原告と被告 P3 双方から事実関係について充分聴取した上で、いずれの主張が信用できるか慎重に検討すべきである。にもかかわらず、被告 P2 は、はなから原告の被害申告が虚偽であると決めつけているのであって、被告 P2 には重過失があることは明らかであるから、本件解雇は、社会的相当性を欠くものとして違法というべきである。」

## 5 権利主張・意見表明に対して抑制的な職場環境

権利主張や意見表明を理由とする解雇等の直接的な抑制行為だけではなくそれを事前に制約する多様な行為の適否も争われている。とりわけ、ここでは同僚への働きかけを抑制する措置に着目したい。問題関心の共有を阻害するだけではなく、権利行使を抑圧する職場環境が形成されがちだからである。

### (1) 同僚への働きかけに対する抑制

権利実現を目的とする同僚への働きかけに対する抑制行為として、警告書の送付や処分の例がある。紛争の拡大・深化に嫌悪を示しているものといえる。警告書の送付等に相当な理由がない限り違法とされる傾向にあるが、その抑制的効果についてやや無頓着と思われる判断も示されている。

なお、働きかけが組織的・集団的になされると労働組合の結成へと結びつくことが多い。その点では、不当労働行為制度による保護の対象ともなりうる側面がある[24]。

東和エンジニアリング事件では、人事部長の発言（雇い止めによる雇用終了でも会社都合ではなく自己都合として取り扱うことがある）を非正規

社員にメールしたことを理由とする譴責処分の効力が争われた。東京地判（平成 25.1.11 労働経済判例速報 2179 号 7 頁）は、「自分を含めて被告に勤務する非正規社員が不当に雇止めされないようとの考えの下に、本件発言の事実を他の非正規社員に知らせることで問題意識を喚起、共有し、非正規社員全体の立場が不当に弱められることを防止しようとする意図に出たものであって、それなりに理解できる行動であったというべきである」とし当該処分を無効、違法であるとした。

　同時に、「労働者側の自己防衛としてかような手段をとることを一概に非難できないというべきであるし、一労働者である原告が、使用者である被告に対し、直截に是正措置を求めるということも現実的な選択肢とはいい難」いというリアルな認識も示されている。「問題意識を喚起、共有」すること自体をも問題にすることはやはり異常である[25]。

　会社との対応を同僚へ話すこと自体を問題視する例さえある[26]。ジャパンビジネスラボ事件・東京地判（平成 30.9.11 労働判例 1195 号 28 頁。控訴審たる東京高判令和元 .11.28 労働判例 1215 号 5 頁は他の理由で雇止めを適法としている）は、当該行為は更新拒否事由に該当しないとして以下のように説示している。「被告との交渉経過を被告の他の従業員に対して話すことは、それ自体、労働者が使用者に対して負うべきなにがしかの義務に違反するものではないし、直ちに被告社内の秩序を乱すなどの影響を及ぼすものとは解されない。仮にこれにより被告の女性従業員らに動揺等が生じたとすれば、その内容が虚偽又は単なる誹謗中傷でない限り、それは、原告の発言により生じたものではなく、原告が話した被告代表者らの原告に対する言動自体により生じたものと解するのが自然である。」

　いずれも妥当な判断と思われる[27]。注目すべきは、以上の事案にみられる抑圧的な職場環境の強さである。

　権利行使を抑制する目的で使用者が警告書を出すことも許されない。しかし、キュリオステーション事件・東京地判（平成 25.7.17 労働判例 1081 号 5 頁）は、従業員に対し残業代を請求させる行為に対し会社からの警告書（告訴、賠償請求）の送付[28]が不法行為に当たらないとして以

下のように判示している。裁判所の見識が疑われる事案といえる。

「前記認定の本件警告書の記載内容は、威力業務妨害罪における『威力』の意義や不法行為の構成要件等に照らすと、いささか措辞に穏当を欠くきらいはあるものの、原告が被告に対し時間外手当を請求すること自体を批判するようなものではないし、原告の被告従業員に対する接触の方法や態様等によっては民事上又は刑事上の責任が生じうるとの見解を表明し、そのような責任が生じた場合にはそれに応じた法的措置をとることがあるという当然のことを宣言したに過ぎないから、本件警告書の送付が原告の裁判を受ける権利を侵害する違法なものであると認めることはできない。また、前記認定のとおり、原告は、本件警告書受領後も、被告に対する時間外手当の請求に向けた行為を精力的に行っているのであって、本件警告書により畏怖するなどして精神的苦痛を被ったことも窺われない。」

しかし、警告書の恫喝的な内容からすると明確に疑問と思われる判断である。ここで問題となっているのは、法律専門家どうしの議論でないからである。

### (2) 意見表明に対する処分

同僚への働きかけまでに至らない社内における意見表明自体を問題にするケースもある。社内ミーティング等で特定の発言をしたことを理由として解雇等をすることは、社内の円滑なコミュニケーションを阻害するので許されないと判断されている。

アールエフ事件では、社長に対する発言を理由とする配転の効力等が争われ、長野地判（平成24.12.21労働判例1071号26頁）は、以下のように説示して無効と判断した。酒の席とはいえ、会社の私物化の典型事案といえようか。

「本件配転命令は、P3社長が、本件社長ミーティングにおいて、午前3時に至るまで、酒に酔った状態で、主に、P18、P20及びP4を替える、大阪店従業員が現在のメンバーで大阪店を変えていきたいなどと言っているのは現状のままで楽したいからだという内容を、威迫や暴言等を交

えながら延々と話し続けるという状況の中、『同じ話が繰り返されており、翌日も大阪店の各従業員は業務を行わなければならないのであるから、早く方針を決めてほしい。』と至極当然の内容を率直に述べた原告P1について、自らの意に沿わない従業員であると考え、また、本件社長ミーティングでパワーハラスメントがあったと考えており、原告P1を擁護する言動を行った原告P2を原告P1の同調者であるとみなし、原告らを被告から排除するために、その手始めとして本件配転命令を行ったものであることは明白であるというべきである。」

　また、ウップス他事件・札幌地判（平成22.6.3労働判例1012号43頁）は、社内ミーティングでの労働条件に関する質問等を理由とする懲戒解雇につき、「使用者側も参加するミーティングの機会に労働条件に関する質問をすること自体が直ちに許されないものとはいい難い」として無効と判示した。

### (3) 許可申請に対する不許可

　使用者の経営上の必要性と労働者の私生活の自由（たとえば兼業）を調整するシステムとして許可制が採用されることがある。この兼業をめぐる多くの事案は無許可兼業を理由とする解雇もしくは懲戒解雇の事案である[29]。

　マンナ運輸事件では、労働者からのアルバイト就労の許可申請につき許可をしなかったことの違法性が独自に争点となった。京都地判（平成24.7.13労働判例1058号21頁）は、許可制の合理性を認めたが、「兼業を許可するか否かは、上記の兼業を制限する趣旨に従って判断すべきものであって、使用者の恣意的な判断を許すものでないほか、兼業によっても使用者の経営秩序に影響がなく、労働者の使用者に対する労務提供に格別支障がないような場合には、当然兼業を許可すべき義務を負うものというべきである」としてその一部の不許可については不当かつ執拗にアルバイト就労を妨げたとして不法行為の成立を認めている。

　本件で問題となった運転業務については長時間労働の回避の観点から兼業禁止の合理性は認められやすく、許可制に合理性があるといえる[30]。

しかし、本来兼業は自由であるという立場からは許可制自体の合理性は問題になろう。許可制は、権利行使を事前に抑制する機能をはっきりと有するからである。

### (4) 会社要請の拒否を理由とする不利益取扱い

　労働条件や雇用継続等につき会社から一定の提案がなされた場合にそれを拒否することは必ずしも容易ではない。合意レベルの問題ではなく、会社の方針に対する「反抗」と解される傾向にあるからである。会社は、当該拒否行為に対し多彩の人事上のカードで対処でき [31]、それをはっきりとまたは隠然と使うことができる。本人だけではなく、他の同僚に対する見せしめ的な機能も見逃すことができない。その点では、組合活動を理由とする不利益取扱いと同様な性質を有している。

　実際の事例は、希望退職募集・退職勧奨に関するものが多い。退職勧奨は、それに応じるかどうかは労働者の自由といえるので、「勧奨」の域を超えて「強要」の程度になると違法とみなされる [32]。同時に、勧奨に応じなかったことを理由とする配転等の不利益取扱いも許されない。整理解雇過程の希望退職募集についても同様なことがいえ、リコー事件では、希望退職応募を拒否したことを理由になされた出向命令の効力が争われ、東京地判（平成 25.11.12 労働判例 1085 号 19 頁）は、出向態様（退職勧奨を断った原告らが翻意し、自主退職に踏み切ることを期待して行われた）の不利益性から出向命令を無効とするとともに不法行為の成立も認めた。

　ところで、この配転命令は、日常的な労務管理の一環としてなされること、使用者に広範な裁量が認められていること、からその不利益性が認定されにくい措置である。まさに、人事権の中核となる行為といえる。企業の抑圧行為をチェックする観点からは、この配転・出向命令権やその制約法理をどう構成するかは重要な課題といえる [33]。

　新和産業事件・大阪高判（平成 25.4.25 労働判例 1076 号 19 頁、原審は大阪地判平成 24.11.29 労働判例 1067 号 90 頁ダ）は、退職勧奨拒否に対する報復としての配転命令を無効とし、フジクラ事件・東京地判（平成

31.3.28 労働経済判例速報 2388 号 3 頁）は、退職勧奨拒否を理由とする低評価、配転、解雇を無効と、また兵庫県商工会連合会事件・神戸地姫路支部判（平成 24.10.29 労働判例 1066 号 28 頁）も、退職勧奨に従わなかったことを理由とする転籍・出向命令は違法であると、それぞれ判示している。

次に、雇用終了との関連では、退職勧奨を拒否したこと自体は正当な解雇事由にならない。しかし、整理解雇レベルになるとどうなるか。退職勧奨を拒否した者に対する整理解雇の効力が争われた事案としてコムテック事件がある。東京地判（平成 23.10.28 労働経済判例速報 2129 号 18 頁）は、人員削減の必要性について認めたが、被解雇者選定の妥当性について、「同事業所従業員の全員を削減対象とした上で、自主退職又は退職勧奨に応じたことにより退職した者及び被告において異動先を見付けられた者について退職及び異動の措置をとった後、最終的に、退職勧奨に応じず、異動先を見付けられなかった原告 1 名を解雇したものであるから、少なくとも、被告において、被解雇者の選定について、客観的で合理的な基準を設定していたとは認められない。」と説示し解雇を無効とした。

## 6　裁判所を利用した使用者からの反撃

労働者の権利行使に対する使用者サイドのアクションとしては、特定の申告や権利行使を理由として解雇等一定の不利益等を課すパターンが一般的である。これらは明文の規定において禁止されている。さらに、より直接的な使用者の反撃として権利抑制にむけた訴訟行為等があり、また、当該行為を労働者が問題とするパターンもある。

### (1) 不当労働行為手続きにおける直接的アクション

不当労働行為の申立等に対するアクションとしては、審査手続きのためになされた申立行為への抑制が争われている。端的なのは労組法 7 条 4 号の報復的不利益取扱いである、また、審査の実効確保（労委規則 40

条）の観点からも労働者側証人の出頭の確保もなされている[34]。

　その他に、日産センチュリー証券事件において、不当労働行為審査のために弁護士に社内秘密を提出したことが秘密の漏洩に当たるかが争われた。東京地判（平成19.3.9労働判例938号14頁）は、「都労委において本件配転の効力を争っている原告にとってその目的が一応正当性を有していること、弁護士は弁護士法上守秘義務を負っており（23条）、弁護士を介して外部に流出する可能性は極めて低いことを考慮すると、これをもって漏えいに当たるとすることはできないというべきである。」と判示している（メレルリンチ・インベストメント・マネージャーズ事件・東京地判平成15.9.17労働判例858号57頁も参照）。

　また、鑑定意見書の提出等を使用者はチェックしうるかが、APF・昭和ゴム事件において正面から争われた。東京地判（平成26.5.19労働法律旬報1820号59頁）は、不当労働行為審査手続きに提出された鑑定意見書等を理由としてなされた会社からの不法行為請求を棄却している。鑑定書のケースは珍しいが、申立書や審査での証言内容が名誉毀損にあたるという主張はよくなされる。実際にそれが認められる場合はほとんどないと思われる。

## (2) 裁判手続きを利用した直接的アクション

　裁判手続きについては、使用者が労働者もしくは労働組合に対し訴訟を提起するケースと労働者が使用者に対して訴訟を提起するパターンがある。原則として訴訟提起は当然の権利行使とみなされ、それ自体の不法行為性が認められることは少ない。

　判例法理も社会福祉法人公和会事件（最二小判平成21.10.23判例時報2063号6頁）において、次のような判断を示している。「法的紛争の当事者が当該紛争の終局的解決を裁判所に求め得ることは、法治国家の根幹にかかわる重要な事柄であるから、訴えの提起が不法行為を構成するか否かを判断するに当たっては、いやしくも裁判制度の利用を不当に制限する結果とならないよう慎重な配慮が必要とされる。このような観点からすると、法的紛争の当事者が紛争の解決を求めて訴えを提起するこ

とは、原則として正当な行為であり、訴えの提起が相手方に対する違法
な行為といえるのは、当該訴訟において提訴者の主張した権利又は法律
関係が事実的、法律的根拠を欠くものである上、提訴者がそのことを知
りながら又は通常人であれば容易にそのことを知り得たといえるのにあ
えて訴えを提起したなど、訴えの提起が裁判制度の趣旨目的に照らして
著しく相当性を欠くと認められるときに限られるものと解するのが相当
である」。

　もっとも、実際に労働者への裁判提起の事案は増加しており（近畿機
械工業事件・広島高判平成 25.12.24 労働判例 1089 号 17 頁、横浜 A 皮膚科経
営者事件・横浜地判平成 30.8.23 労働判例 1201 号 68 頁）、その動機や態様に
よっては不法行為とされた事案もある。たとえば、プロシード元従業員
事件は、被告元従業員が虚偽の事実をねつ造して退職して損害が発生し
たとして使用者が 1270 万円の賠償を求めた事案であり、横浜地判（平
成 29.3.30 労働判例 1159 号 5 頁）は、「原告主張の被告の不法行為にもと
づく損害賠償請求権は、事実的、法律的根拠を欠くものというべきであ
るし、原告主張の被告の不法行為によって原告主張の損害が生じ得ない
ことは、通常人であれば容易にそのことを知り得たと認めるのが相当で
ある」と判示した。

　他方、労働者が自己の権利実現のために訴訟を提起することは当然の
権利である。したがって、訴訟提起を理由とする使用者からの損害賠償
の請求や解雇等の不利益取扱いは認められない。X 社事件では、内定辞
退および内定辞退の強要を理由とする労働者からの損害賠償請求訴訟が
訴権の濫用（不法行為）かが争われ、東京地判（平成 24.12.28 労働経済判
例速報 2175 号 3 頁）は使用者からの請求を棄却している。

　注目すべきは江東運送事件であり守衛業務従事者が退職後に割増賃金
を請求したことが権利濫用もしくは信義則に反するかが争われ、東京地
判（平成 8.10.14 労働判例 706 号 37 頁）は、「一介のしかも高齢の労働者
に過ぎず、労働組合にも加入しておらず、専ら夜間の勤務に従事してい
た原告が、正確な法的知識に裏付けられたものとして割増賃金の請求を
したり、被告との間で十分かつ公平に賃金交渉をしたりすることを期待

することは事実上不可能であり、また、被告にとって原告の本件請求が不当であるという意識を持つのは、被告が労働基準法の趣旨を誤って理解していることの結果に過ぎず、その原因は、専ら被告側にある。」として権利濫用等に当たらないと判断した。当然の判示といえる。

　また、労働者が訴訟を提起したこと自体を理由とする解雇の効力等も争われている[35]。

　第一化成事件は、会社への慰謝料請求訴訟において会社の自主解決努力を阻害したとしてなされた懲戒解雇の効力が争われたものである[36]。東京地判（平成 20.6.10 労働判例 972 号 51 頁）は、「いきなり訴訟を会社に対して提起するという行為は、組織の融和や自律的な問題解決を図る見地からは、非常識的な行為ということも十分に理由があるものということができる。」としながらも、「裁判での解決を図ろうとする者にとって、裁判外でその相手方当事者から事情聴取を受けることは、被告にとっては容認し難いところであるから、顛末書を提出せず、社長の事情聴取に応じないことも、そのような非協力的な姿勢も、無理からぬものといえる。」と判示した。ニヤクコーポレーション事件・大分地判（平成 25.12.10 労働判例 1090 号 44 頁）も、訴訟における事実と異なる主張をしたことや被告の従業員を多数裁判に巻き込んでいることを理由とする労働契約の更新拒否は許されないと判示している[37]。

### (3) 個別紛争解決促進法上のあっせん手続き

　あっせん手続きにおいては、労使双方とも自己の主張に固執することは許される。しかし、その態様如何によっては例外的にそれ自体が不法行為とみなされることもある。河合塾事件では、使用者が個別紛争解決促進法上のあっせん手続き等を拒否し、その後も適切な解決を阻害し「強硬な態度」をとったことの違法性が争われた。福岡高判（平成 21.5.19 労働判例 989 号 39 頁）は、使用者の「このような態度は、自己の立場と主張を貫徹することにのみ急で、コマ数減により被控訴人からの収入も大幅に減少し、ひいては生活が成り立たなくなるという控訴人の切実な反論とその境遇に対する配慮に欠けること甚だしいものであ」る

として労働者からの慰謝料請求を認めた。

　もっとも、上告審たる最三小判（平成 22.4.27 労働判例 1009 号 5 頁）は、使用者の行為は特段非難されるべきものではないとして不法行為の成立を認めなかった。本件は、自主解決の努力をしなかったことの違法性が争われたやや特異な事案といえる。

### (4) 争議行為への対抗

　争議行為への対抗策としては、組合員に対する懲戒や組合（員）に対する損害賠償の請求、ロックアウト等がある。理論的には、争議行為の正当性とともに不当とされた場合のサンクションのあり方、とりわけ個々の組合員に対するそれが許されるかが主要争点といえる。

　ここで注目すべきは、近時「争議行為」というより組合の団体活動、とりわけ街宣活動に対する差し止め等の事案が増加していることである[38]。企業別組合以外の産業別組合や合同労組の事案が多く（たとえば、全日本建設運輸連帯労組関西地区生コン支部（大谷生コン）事件・大阪地判平成 25.3.13 労働判例 1078 号 73 頁、同（丙川産業他）事件・大阪地判平成 25.10.30 労働判例 1086 号 67 頁、同（関西宇部）事件・大阪地判平成 25.11.27 労働判例 1087 号 5 頁、甲労働者組合事件・東京地判平成 27.4.23 労働経済判例速報 2248 号 12 頁等）、労使紛争に対する裁判所の直接介入のあり方が問われている。とはいえ、これらの事案では、差し止めの対象となるのは「争議」ではなく「街宣活動」なので、争議行為の禁止＝就労の強制という図式にはならない。

　その点、スト禁止が直接問題となるのは、仮処分申請によりストを中止させたことを理由とする会社への損害賠償請求がなされた鈴鹿さくら病院事件をめぐる一連の紛争である。ここでは仮処分自体のあり方も問題になる。同事件では、スト禁止の仮処分申請によりストを中止させられたことを理由とする組合から会社への損害賠償請求がなされ、津地判（平成 26.2.28 労働法律旬報 1820 号 67 頁）は、「仮処分決定の被保全権利が当初から存在しない場合に、仮処分申立人が同決定を得てこれを執行したことに故意又は過失があったときは、申立人は、民法 709 条により、

相手方がその執行によって受けた損害を賠償する義務を負担すべきものであ」るとして請求を認めている。

　仮処分決定の被保全権利の「不存在」、つまり仮処分申立てが被保全権利を欠く違法なものであることについて以下のように説示している。「本件ストライキが正当なものであることに加え、憲法28条によって保障される争議権の重要性にかんがみれば、少なくとも、被告において入院患者の生命・身体の安全を確保する真摯な努力をしたにもかかわらず、本件ストライキによって入院患者の生命・身体の安全に危険が生ずる具体的な危険性があると認められなければ、本件ストライキの差止めを求める被保全権利を認めることはできないというべきである。」

　本件では、争議抑制を目的とする仮処分手続きの利用のあり方が争いになった。使用者の意図とともに安易に申請を認めた裁判所の対応も問題といえよう[39]。

　また、富士美術印刷ほか事件・東京高判（平成28.7.4労働判例1149号16頁、上告は不受理最三小決平成29.8.22）は、憲法28条「の保障の対象は、労働契約関係にある労働者と使用者との間の労働契約関係の内容をなす労働条件に関し、労働者が団結して労働組合を組織し、これを自主的に運営する行為、争議行為その他の団体行動並びにその労働組合が使用者との間において行う団体交渉及びこれに直接関係する行為が本体となるが、それだけでなく、上記労働条件の改善を目的として労働組合が直接には労使関係に立たない者に対して行う要請等の団体行動も、同条の保障の対象となり得るものと解されるのである。

　しかしながら、このような団体行動については、同条の保障の本体となる行為のうち集団的な労務の不提供を中心的内容とする争議行為と異なり、自ずから限界があるものというべき」と判示している。

　一連の事案につき理論的には、組合活動と争議行為の区別のあり方、当該組合の活動が憲法28条の保護対象になるか（教育社労働組合事件・東京地判平成25.2.6労働判例1073号65頁）、労使関係の有無をどのような観点から判断すべきか（東京・中部地域労働者組合事件・東京地判平成25.5.23労働判例1077号18頁）等が争われている[40]。わが国の組合法理

論自体が企業別組合を前提としているのでコミュニティーユニオンの組織化活動法理 41) と同様に未解明の論点が少なくない。集団法理の「新たな」段階といえようか。

## 小　括

　労働契約法上（4条）、契約主体としての権利理解やそれにもとづく権利行使の重要性は指摘されている。しかし、それはあくまでも使用者の責務としてであり、労働者の主体的な権利という構成にはなっていない。また、多くの裁判例においても労働者が十分な法的知識を有しているか、そのための教育がなされているかはほとんど問題になっていない。そのような問題関心もない。

　ただ、労働条件の不利益変更事案等につき、合意の真意性との関連で使用者が適切な説明をしたか、労働者の合意が適切な理解にもとづくかは問題とされ初めている。その場合でも、理解する能力とか合意をしない交渉力のレベルまでは議論されていない。交渉力はもっぱら集団法の領域の問題とされているにすぎない。

　裁判は、積極的に訴訟を提起したケースを対象としているので、権利主張するような資質はなにか、それが事実上制約されていないかという問題関心もそれほどない。ただ、労働関係については、相談体制や紛争解決の仕組の整備はかなりなされている。もっとも、仕組みを利用する資質やそれを支えるワークルール教育は不十分である。

　一方、労働者の権利行使は職場において多様な形で抑制されており、裁判上でも争われている。実際には、裁判にならない多様な紛争が生じていると思われるが、全体の抑圧構造は必ずしもはっきりしない。せいぜい、パワハラ紛争への興味が示されるぐらいである。

　さらに、権利行使以外にも、意見表明や同僚への働きかけ・情報の共有も抑制されている例がある。権利行使は協調性欠如や職場秩序違反行為とみなされ排除の対象となるケースさえある。使用者と労働者との対立関係だけではなく、同僚との「対立関係」を前提とした排除のメカニ

ズムがあり、そのような企業秩序の抑圧構造を解明する必要があるわけである。その点では、労基法上の権利主張を協調性欠如の観点から不利に取り扱うことを是認した淀川海運事件東京高判（平成 25.4.25 労働経済判例速報 2177 号 16 頁）の判断は大いに疑問である。ワークルール教育は、この排除の構造を明らかにし、その是正を図る目的をももつといえる。

1）2004 年ぐらいまでの関連裁判例については、拙著『職場における自立とプライヴァシー』（日本評論社、1995 年）、拙著『成果主義時代のワークルール』（旬報社、2005 年）109 頁以下を参照されたい。
2）たとえば、ベスト FAM 事件・東京地判平成 26.1.17 労働判例 1092 号 98 頁。
3）勤務地等につき信義則上の説明義務違反が認定された例としてシロノクリニック事件・東京地判（平成 31.3.8 労働経済判例速報 2389 号 23 頁）がある。
4）不当労働行為事件の救済との関連においてポスト・ノーティスによる従業員教育の必要性については、拙著『不当労働行為の行政救済法理』（信山社、1998 年）136 頁参照。
5）業務命令権の多様な構造については、拙著『ワークルールの論点——職場・仕事・私をめぐって』（旬報社、2019 年）77 頁。
6）最近の例として、慶應義塾シックハウス事件・東京高判平成 24.10.18 労働判例 1065 号 24 頁、富士ゼロックス事件・東京地判平成 23.3.30 労働判例 1028 号 5 頁、ピジョン事件・東京地判平成 27.7.15 労働判例 1145 号 136 頁、石長事件・京都地判平成 28.2.12 労働判例 1151 号 77 頁がある。
7）この点については、小西國友『解雇と労働契約の終了』（有斐閣、1995 年）162 頁参照。
8）在留資格との関連も問題になっている。拙稿「グローバリゼーションと労働問題」原田順子・北川由紀彦編『グローバル化と私たちの社会』（放送大学教育振興会、2015 年）153 頁。
9）その後の 2019 年「外国人労働者雇用管理指針」（厚生労働省告示第 276 号）も参照。
10）誓約書の提出をめぐる問題点については、拙著『職場における自立とプライヴァシー』（日本評論社、1995 年）53 頁。本人の意向に反する誓約書署名の「強制」が争われた事案として、広告代理店 A 社元従業員事件・福岡高判平成 28.10.14 労働判例 1155 号 37 頁がある。
11）詐称の対象となった経歴のパターン（学歴、職歴、犯罪歴等）も多様であり、就業規則規定の「重要な経歴を偽り」に該当するかが争われている。
12）三菱樹脂事件最判の問題点については、拙著・前掲『ワークルールの論点』67 頁。
13）労働者に対する性別を理由とする差別の禁止等に関する規定に定める事項に関し、事業主が適切に対処するための指針（平成 25.12.24 厚労省告示 382 号）は、募集または採用にあたり男女のいずれかを優先している例として、「採用面接に際して、結婚の予定の有無、子供が生まれた場合の継続就労の希望の有無等一定の事項について女性に対してのみ質問すること。」をあげている。
14）同法 2 条 3 項は、「要配慮個人情報」を「本人の人種、信条、社会的身分、病歴、犯罪の経歴、犯罪により害を被った事実その他本人に対する不当な差別、偏見そ

の他の不利益が生じないようにその取扱いに特に配慮を要するものとして政令で定める記述等が含まれる個人情報をいう。」と定義し、また、17 条は原則として「あらかじめ本人の同意を得ないで、要配慮個人情報を取得してはならない」と定めている。もっとも、雇用関係では同意の取り方は問題になる。さらに、職業安定法 5 条の 4 及び労働省告示 141 号（平成 11 年 11 月 17 日）が求職者等の個人情報の取扱について同種規定をおいている。

15）労働政策研究・研修機構編濱口桂一郎執筆『日本の雇用終了』（労働政策研究・研修機構、2012 年）41 頁以下は、労働局あっせん事例を素材に権利行使等（①年休、育児休業の取得、②あっせん申請、助言指導の申出、③その他労働法上の権利行使、④労働法以外の正当な権利行使）に対する制裁としての雇用終了事案を検討し、傾向として、会社は権利主張をしたことを理由とせず、そのような資質に由来する勤務態度を主に問題とすると指摘している。

16）拙著『労働委員会の役割と不当労働行為法理』（日本評論社、2014 年）253 頁。

17）原則として権利行使をすること自体が期待され、権利行為を阻害することが違法とされるのは例外的な場合である。たとえば、時間外割増賃金についてはそれを請求することが原則であり、例外的に特段の事情がある場合にのみその不支給が不法行為になる（ディバイスリレーションズ事件・京都地判平成 21.9.17 労働判例 994 号 89 頁ダ）。

18）手当算定において年休取得を阻害するかも争われており、賞与算定につき欠勤日と取り扱うことは許されず（エス・ウント・エー事件・最三小判平成 4.2.18 労働判例 609 号 12 頁）、他方、皆勤手当の不支給・減額が公序違反にならないという（沼津交通事件・最二小判平成 5.6.25 労働判例 636 号 11 頁、最近の例は東豊商事事件・東京地判平成 26.4.16 労働経済判例速報 2218 号 3 頁、宮城交通事件・東京地判平成 27.9.8 労働判例 1135 号 86 頁）判断がなされている。

19）たとえば、リストラ施策反対について、新関西通信システムズ事件・大阪地決（平成 6.8.5 労働判例 668 号 48 頁）は、「全社一丸となって会社を盛り上げようとの気概のある者、会社の方針を守る者」という基準が抽象的・恣意的であると判示している。なお、ＪＲの採用差別事件も「分割民営化」の賛否を選別基準としておりそのような側面がある。

20）詳しくは、特集「マタニティ・ハラスメント　最高裁判決を受けて」労働法律旬報 1835 号（2015 年）参照。

21）産休等による欠務を賃金上不利に取り扱うことが許されるかにつき、賞与算定のさいの不利益な取扱いについては高宮学園事件で争われ、最一小判（平成 15.12.4 労働判例 862 号 14 頁）は、「労働基準法等が上記権利等を保障した趣旨を実質的に失わせるものというべきであるから、公序に反し無効であるというべきである。」として産休・育児休業を理由の賞与の支給制限は許されないとした。

22）内部告発的な側面もある。全般的傾向については、拙著『パワハラにならない叱り方』（旬報社、2010 年）、拙著・前掲『ワークルールの論点』93 頁参照。

23）平成 24 年・職場のパワーハラスメントに関する実態調査によると、パワーハラスメントの予防・解決の取組を進めるに当たっての企業サイドの課題として最も比率が高かったのは「パワハラかどうかの判断が難しい」で、回答企業全体の72.7％が課題としてあげている。また、取組を進めることで懸念される問題として、「権利ばかり主張する者が増える」（64.5％）、「パワハラに該当すると思えないような訴え・相談が増える」（56.5％）といった項目が多くあがっている。会社の本音といえようか。

24）拙著・前掲『労働委員会の役割と不当労働行為法理』147 頁。

25）千種運送店事件・千葉地判（平成 4.3.25 労働判例 617 号 57 頁）は、同種事案に
つき以下のように判示している。「労働者が年次有給休暇の権利を行使したことだ
けを理由として当該労働者を解雇するようなことは、解雇権の濫用にあたり許さ
れるものではない。また、年次有給休暇の権利に関して正当な認識がなされてお
らず右権利を行使することが困難な実情にある事業所の労働者が、その改善のた
め同僚を啓蒙し休暇をとる場合には有給休暇として休むよう働きかけることも、
それ自体は、年次有給休暇制度に関する法令の趣旨目的に照らし相当な行為とい
うことのできるものであり、これだけを理由として当該労働者を解雇することは
解雇権の濫用として許されない」。当然の結論である。

26）ドリームエクスチェンジ事件・東京地判（平成 28.12.28 労働経済判例速報 2308
号 3 頁）は、同僚への経営状態に対する不正確なチャットにつき、被告の信用及
び名誉が毀損されたものと認められるとして不法行為を構成すると認めている。

27）上申の仕方も問題になり、千葉県がんセンター事件・東京高判（平成 26.5.21 労
働経済判例速報 2217 号 3 頁）は、研修の問題点を上司を通すことなくセンター長
に直接上申したことを理由とする麻酔担当業務からの排除を違法としている。

28）警告書の内容は以下のとおり。「貴殿におかれましては、通知人を退職した後、
労働基準監督署に対して、通知人に対する貴殿主張の残業代等の請求をなさって
いるところかとは存じますが、同手続が進行中であるにもかかわらず、また、貴
殿は通知人を自主的に退社されたにもかかわらず、貴殿が、通知人において現在
も勤務している従業員複数名に対して、電話・対面の方法等にて、貴殿が通知人
に対して残業代を請求を行っていることを告げたり、そればかりか、従業員に対
して残業代請求をすることを勧誘・推奨したり、事実とは異なる貴殿の主張によ
り、通知人の体制・雇用環境等を批判するなどの行為をしていることを確認して
おります。

　　これらの行為は、通知人の従業員の士気を著しく損ねるものであり、もって、
通知人の業務を妨害する行為として、刑法 233 条の偽計業務妨害罪ないし同法 234
条の威力業務妨害罪の構成要件に該当しうるとともに、民法 709 条の不法行為と
して損害賠償請求の対象となりうる違法行為であります。

よって、今後、貴殿が、通知人の従業員等に対して、電話・メール・対面の方法を
問わず接触し、通知人の残業代請求等を促すなどの場合であればもちろんのこと、
それ以外にも、通知人の雇用環境や体制等についてのあらゆる批判的言動を行っ
た場合は、直ちに、刑事告訴または損害賠償請求を行うことと致しますので、本
書をもって警告致します。」

29）兼業に関する法的問題については、拙著・前掲『職場における自立とプライヴ
ァシー』111 頁、最近の動きについては、拙稿「働き方改革と兼業の法理」季刊労
働法 259 号（2017 年）98 頁参照。

30）詳しくは、道幸哲也＝和田肇「ディアローグ労働判例この 1 年の争点」日本労
働研究雑誌 640 号（2013 年）22 頁以下。

31）問題を起こした労働者に対する労務管理的な対処方法としては、ソフトな順に
以下のパターンが考えられる。①直接の指導・教育、②人事考課、③配転・出向、
④解雇以外の懲戒処分、⑤退職勧奨・強要、⑥普通解雇、⑦懲戒解雇。このうち、
インフォーマルなものを含めて、労務管理としては①がもっとも一般的かつ重要
といえる。②③④は、よりフォーマルな処遇方法になり、会社としては事案に応
じて柔軟に使い分けることができる。他方、⑤⑥⑦は雇用終了を目的とするので

一応最終段階の措置といえる。もっとも、⑥⑦については法的性質が明確で厳格な規制がなされている。全体として会社にとって使い勝手が良いのは、①②③⑤といえる。

32）退職勧奨が違法とされた例として、エム・シー・アンド・ピー事件・京都地判平成 26.2.27 労働判例 1092 号 6 頁、M 社事件・名古屋地判平成 26.1.15 労働経済判例速報 2203 号 11 頁、日本航空事件・東京高判平成 24.11.29 労働経済判例速報 2194 号 12 頁（上告棄却・不受理最三小決平成 25.10.22 労働経済判例速報 2194 号 11 頁）等がある。

33）見直しの視点については、拙著・前掲『ワークルールの論点』84 頁。

34）拙著・前掲『労働委員会の役割と不当労働行為法理』60 頁

35）使用者ではなく関係機関に対し会社の意向を無視して個人的に訴訟を提起することが懲戒解雇事由とされている例もある（モルガン・スタンレー・ジャパン・リミテッド事件東京高判平成 17.11.30 労働判例 919 号 83 頁、なお、原審は懲戒解雇を無効としている。東京地判平成 17.4.15 労働判例 895 号 42 頁）。さらに、ハラスメントに関する訴訟を提起したことを批判する学長所見の発表が不法行為とされた事案として国立大学法人茨城大学事件・水戸地判（平成 26.4.11 労働判例 1102 号 64 頁）がある。

36）自主解決との関連では、使用者からなされる労働委員会へのあっせん申請につき、あっせんすること自体が労使の自主交渉を阻害するかという問題もある。前掲注 33）拙著 10 頁参照。

37）訴訟の提起を主要な動機としてなされた再雇用拒否、雇止めは、憲法 32 条（裁判を受ける権利）を侵害する違法、無効な行為とされている（国際自動車ほか事件・東京地判平成 30.6.14 労働判例 1199 号 44 頁、東京高判平成 31.2.13 労働判例 1199 号 25 頁）。

38）全般的には、特集「労働争議における組合の街宣活動の適法性」労働法律旬報 1778 号（2012 年）、また最近の刑事事案については、連帯ユニオン編『ストライキをしたら逮捕されまくったけどそれってどうなの』（旬報社、2019 年）参照。

39）評釈として、開本英幸・新判例解説 Watch15 号（2014 年）295 頁、和田肇・労働法律旬報 1820 号（2014 年）28 頁がある。

40）裁判例の傾向については、開本英幸「街宣活動の正当性の限界」季刊労働法 245 号（2014 年）178 頁参照。

41）拙著・前掲『労働組合法の応用と課題』171 頁、215 頁参照。

# ワークルール教育の構築

ここでは、ワークルール教育の今後のあり方を考えるさいに基本的に留意すべきことを検討した。1章では、主要論点として、ワークルール教育の基本的視座、具体的内容、権利を実現する資質、教育の担い手について論じた。とりわけ、権利を実現する資質に着目した。今後より本格的な論議がなされることを期待している。それをふまえて2章では、権利実現の仕組みをワークルール教育と関連づけ、さらにワークルール教育がなぜうまくいかないのかを、教育の構造、職場の抑圧構造、社会的な同調圧力の観点から考察した。それだけの広がりをもった課題であることを強調しておきたい。

## 第1章

**ワークルール教育をめぐる主要論点**

　ワークルール教育をめぐる一連の議論を踏まえて基本的論点とも言うべきものを確認し、若干の私見も提示しておきたい。論議が活発になるにともない、ワークルール教育の目的や位置づけの違いが明確になっているからである。本格的な論議のための準備作業に他ならない。具体的には、教育の基本的視座、教育の内容、権利実現の資質、教育の担い手が問題になる。

## 1　基本的視座

　第1は、ワークルール教育の基本的な視点に関する。ワークルールは法的なルールに他ならないので、使用者との関係における労働者の権利と義務が問題になる。この両者をどう調整するかは難しい論点である[1]。バランスを重視しているのは 2009 年報告書（本書 52 頁）であり、「労働関係において、労働者は法的な権利のみ享受しているわけではない。労働者と使用者は、『契約（労働契約）』に基づいて、お互いに法的な『権利』と『義務』を負っている。」としている。

　義務をやや重視していると思われる立場は、静岡を中心に学校でのワークルール教育をおこなっている一般社団法人「ワークルール」である。そのホームページ（http://www.workrule.jp/course/）によると、講座の特徴として、働くうえで必要な基本的なルールを解説するとして、「労働基準法を中心とした労働法を、実際に働く人から受ける実務的な相談を取り入れて解説しながら、働く上で必要な義務を果たすことの重要性についても解説します。」と指摘している。まさに、就活やキャリア教育と連動した立場といえる。

　他方、明確に権利志向的なのはワークルール教育促進法の初期草案の

立場（労働弁護団「ワークルール教育推進法の制定を求める意見書」本書57頁）であり、基本理念として以下のように展開していた。「ワークルール教育は、労働者と使用者との間の情報の質・量及び交渉力等の格差の存在を前提として、労働者及び使用者がそれぞれの権利・義務について正しく理解するとともに、労働者が自らの権利・利益を守る上で必要な労働関係法制等に関する知識を習得し、これを適切な行動に結び付けることができる実践的な能力が育まれることを旨として行われなければならない。」としつつも、「ワークルール教育の推進にあたっては、労働者の義務や自己責任論が安易に強調されることによって労働者の権利・利益が不当に損なわれることのないよう、特に留意しなければならない」ことも強調している。高校でワークルール教育を実践している多くの先生の立場でもある。

　権利と義務をどのようなバランスで教えるべきかは難問といえる。私は、以下のような理由で基本的には権利中心に教育すべきものと考えている。

　労働者の義務は、勤労観レベルは国の教育の対象といえるが、具体的な労務管理上の義務については基本的には使用者の責任において教育すべきものであろう。実際にも、義務と連動する、働くさいの心構え等はキャリア教育と就活でいやと言うほどたたき込まれているからである。なお、労働者の義務を具体的にどのように「教育」するかは案外難問であるが。

　他方、権利的な側面は、公教育ではほとんど意味のある形では教えられていない。社会教育の対象ともなっていない。雇用が不安定化し職場における権利抑圧構造が強化されており権利を知るニーズが高まっている現状からしても、権利中心の教育となるのが自然なことと思われる。もっとも、義務とのバランスは必要である。

## 2　教育の具体的内容

　第2は、教育すべきワークルールの具体的内容に関する。ワークルー

ル自体の捉え方についてはほぼ共通の了解があるとしても [2]、具体的な教育内容となると、教育ニーズの捉え方や対象者の置かれた状況から大別して２つのパターンが考えられている [3]。

　その１は、最近の主流派と思われる労基法等の強行法規を中心に教える立場である。まさに、ブラック企業・ブラックバイト対策といえる [4]。法違反状態を前提に、それをどう是正するか、そのために外部機関にどう相談し、利用するかがポイントとなる。弱い労働者をどう守るかが主要課題となり、強行法の世界なので教えやすい。講義時間との関連で緊急のニーズに対応しこれだけ教えるのが精一杯という側面もある。

　その２は、ワークルールは労働契約を前提としているとして、労基法等の強行法規とともに契約法理を重視する立場である。たとえば、平成21年研究会報告書は、具体的な教育内容として以下をあげている。

　「高校や大学の段階において、労働関係法制度に関する知識を網羅的に付与することは現実的とは言えない。むしろ、労働関係法制度の詳細な知識よりも、まずは労働法の基本的な構造や考え方、すなわち、①労働関係は労働者と使用者の合意にもとづき成立する私法上の「契約」であり、「契約」の内容についても合意により決定されることが基本であるということ、②労働者と使用者の間では一般に対等な立場で合意することが難しいことから、労働者の権利を保護するために労働契約法や労働基準法などの労働関係法令が設けられていること、③労働組合を通して労使が対等な立場で交渉し労働条件を決定できるように、憲法や労働組合法により労働三権が保障されていること等を分かりやすく教えることが有効である。また、例えば給与・賞与・退職金などの具体的な労働契約の内容については、法令に反しない限りにおいて労働者と使用者の合意に委ねられているため、採用時（労働契約締結時）に交付される書面や就業規則によって労働契約の内容を確認することが重要であること、さらに、時間的余裕があれば、必要に応じて、採用／解雇、労働条件、内定等の「契約」にまつわる基本的な知識を付与することも効果的であると考えられる。なお、労働関係法制度に関する知識だけではなく、職業選択や就職活動に必要な事項として、社会情勢の変化等も踏まえた多

様な雇用形態（派遣、契約、請負、アルバイト等）による処遇の違い、仕事の探し方、求人票の見方、ハローワーク等の就職支援機関の利用方法等に関する知識を付与することも重要である。」

労働法の体系に沿った教育といえるが、契約法理を理解することとともに適切に教えることは法学の素養がなければかなり難しい[5)] [6)]。とりわけ高校生に対して正確に理解させることは困難であり、不可能に近い。さらに契約法理は自己責任を前提としているので、教え方によっては労働者に対し過度の自己責任を意識させる結果ともなる[7)]。これだけの知識を教えるだけの講義時間を獲得できるかという無視しえない問題もある。

まさにあるべき労働者像自体が問われているわけである。労働者の自立の観点からは、労働契約をめぐるワークルールを意味のある形でどう教育するかが最大の課題になると思われる。契約法を前提にしなければ労基法等の強行法規の意味を的確に理解し得ないからである。しかし、これはきわめて困難な課題である。とりわけ、対立関係を前提とした「合意」の形成は学校的な世界に最も遠い事象に他ならないからでもある[8)]。

## 3　権利を実現する資質

第3は、権利を実現する資質の捉え方に関する。権利実現のためにはワークルールに関する知識を得るとともに、その実現を図る態度や力量が必要とされる。議論をしたり、相手を論破するパワー、さらに敵対的環境下で行動する力といえる[9)]。同時に、職場において同僚や先輩とフランクに話す関係を形成しておくことも見逃せない。

実際にも職場で紛争が生じた場合に、自分に共感・支援し、証言してくれる仲間がいるかいないは決定的である。たとえば、会社イジメの実態については同僚しか目撃者はないからである。人は案外孤立しておらず、自分たちという広がり（同僚・仲間）が自分を支えてくれる。働きがいのある、働きやすい職場を作るためには、職場において一定の良好

な人間関係をつくっておくことが決定的に重要である。

　権利実現のためには実際の職場に蔓延する抑圧メカニズムを適切に把握することや自立（自律）的な労働者像を自分のものにすることも必要とされる。このような態度や力を教育の場で養成することはとても困難と思われる。実際にもワークルール教育の一環としてこのようなレベルまで要求することは少ない。そのような問題関心も希薄である。というよりそれだけの余裕がないともいえる。しかし、権利実現の資質は決定的に重要である。さらに、具体的なアクションをする態度や力を発揮するという立場から知識を教えたほうが実際の力量が身につくからでもある。まさにアクティブラーニングの世界である。

　関連して労働組合の位置づけも問題になる。個人レベルの力量だけではなく、集団化つまり労働組合の結成や組合への相談を通じての権利実現を図るべきかの論点である。対立した状況で自分たちの利益や権利を主張するために労働組合に頼ることは自然なことであり、団結権保障の観点からも適切な行為といえる。

　しかし、労働組合に対する評価は社会的に必ずしも一定していない。また、労働組合の役割や意義は学校では教えにくいテーマである。スポーツや趣味での友情は身近といえるが、利益・権利追求を目的とする職場での連帯、とりわけ会社に対立するそれとなると生徒にとって想像を超えた世界かもしれない。多様な利益を内部調整しつつ相手と交渉するという形のリーダーシップを身につけることも困難である。これは、社会活動にとって不可欠な資質といえるが。

## 4　教育の担い手

　第4は、ワークルール教育の具体的な担い手や教育方法に関する。まず、担い手については、高校、専門学校、大学、社会教育によって異なる側面がある。高校教育では基本的に教科や就職担当の教師ということになる。実際には個々の先生の熱意と工夫によっており[10]、学校全体としてこの問題に取り組んでいる例は少ないと思われる。

外部の者が関与するパターンとしては、労働基準監督署やハローワークの職員、大学教員・弁護士・社労士等の専門職、NPO の関係者、労働組合員等が考えられる。通常は、時間の制限もあり彼らによる「講演」や「体験発表」が多い。

　次に、具体的な教育方法については、簡単なレジメやパンフを使った講演形式が多い。与えられた時間が 1 時間（実際は 40 - 50 分）となるとこうならざるをえない。それ以外としては、①講義と質疑、②講義とテスト、さらに解説、③具体的ケースを想定したワークショップ等が考えられる。教材としては、簡単なパンフ、ビデオ、検定問題等がある。全体としては試行錯誤の段階といえる。また、多様な試みを集約したり、情報を交換する全国的仕組みも完備されていない。

　具体的な教育内容は、以上の論点に関連するので多様なパターンがありうる。経験交流以上の論議をする場自体の確保も必要とされる。教育を受ける生徒や学生のニーズや意向を知ることも重要である。

1) 職場における適用と抵抗の両側面については、本田由紀『教育の職業的意義――若者、学校、社会をつなぐ』（ちくま新書、2009 年）183 頁参照。
2) 実はこの点もはっきりしない。不正確な労働法理解にもとづく発言も少なくないからである。
3) ワークルール以外に、若者就労の実態や労働の社会的意義を話すこともある。出前授業では、非正規になったら決定的に不利になるから今のうちに勉強して「いい大学」「いい会社」にはいりなさいという「脅迫めいた」メッセージを伝えることも期待されている。
4) ブラック企業対策プロジェクト「今すぐ使える！ 労働法教育ガイドブック」、また、ミニ特集「教員とキャリア教育のこれから」POSSE23 号（2014 年）112 頁参照。
5) 労働契約の法理はまさに労働法学の中心課題であるとともにホットなテーマといえる。
6) 契約関係の実質化の観点からの立法や法解釈も多様な観点から実施されている。たとえば、消費者契約法 1 条は同法の目的として、「この法律は、消費者と事業者との間の情報の質及び量並びに交渉力の格差にかんがみ、事業者の一定の行為により消費者が誤認し、又は困惑した場合について契約の申込み又はその承諾の意思表示を取り消すことができることとするとともに、事業者の損害賠償の責任を免除する条項その他の消費者の利益を不当に害することととなる条項の全部又は一部を無効とする（以下略）」としている。
7) 今野晴貴『ブラック企業――日本を食いつぶす妖怪』（文春新書、2012 年）194 頁。
8) 拙稿「ワークルール教育と契約的世界」労働法律旬報 1834 号（2015 年）4 頁。
9) 本書第 I 部第 3 章の 2 で取り上げた厚労省平成 21 年報告書はこの点につき次の

ように論じている。「問題が生じた場合の相談窓口などの幅広い知識もあわせて習
得するとともに、知識等を実際に活かして適切な行動をとる能力を身に付けてお
くことも必要不可欠である。すなわち、労働者が自ら職場における紛争の防止に
対処する方法を意識し、実際に行動を起こすための原動力となる問題解決能力や、
社会生活のルール及び基本的生活態度を身に付け、他者との良好な人間関係を構
築するための社会性・コミュニケーション能力を高めること」(本書54頁参照)。

10) 担い手に対する研修も重要な課題といえる。なお、以下のような実践記録もあ
る。川村雅則他『学校で労働法・労働組合を学ぶ　ブラック企業に負けない！』
(きょういくネット、2014年)、NPO法人あったかサポート編『働く前に知ってお
きたい基礎知識』(2010年)、全国進路指導研究会編『働くことを学ぶ──若者の
希望と社会』(明石書店、2006年)、新谷威＝笹山尚人＝前澤檀『「働くルール」の
学習』(2005年、きょういくネット)、池田考司「中高での労働法教育の現状・実
践と課題」季刊労働法244号(2014年)50頁、成田恭子「学習指導要領と労働法
教育」同上55頁、井沼淳一郎「授業　アルバイトの契約書をもらってみる」教育
2012年3月号、鈴木隆弘「労働法教育の現状と課題」法と教育2号(2012年)41
頁等。

# 第2章　権利実現のためのワークルール教育

　以上の議論をふまえてワークルール教育の基本的あり方を考える。ここでは、労働者サイドの権利実現のメカニズムとそれに見合った教育内容という観点から検討したい。

## 1　権利実現の仕組みとワークルール教育

　権利実現の仕組みについては前述したが、ポイントは次の5点である。なお、関連して労働法の政策実現システムについても最近活発な議論がされている[1]。

　第1は、法に関する知識や情報である。条文や主要な裁判例、相談体制や救済機構等に関する知識が必要とされる。同時に、自分の契約上の権利内容、具体的には労働契約書、就業規則、また労働協約内容について知ることも重要である。

　第2は、権利意識である。権利をわがものにし置かれた状況で行動を起こす資質といえる。

　第3は、権利行使を支援する仕組みである。労働組合や外部の団体（労働NPO）、法テラス等による法律扶助の役割が重要である。また、権利行使を促進する仕組みとして、特定の権利行使や申立・申請をしたことを理由とする不利益取扱いを禁止する規定の存在も見逃せない。

　第4は、権利を実現する機構・手続きである。種々の相談体制以外に、労働局による個別斡旋制度、労働委員会、労働審判さらに裁判所等が整備されている。

　第5は、具体的権利内容を規定する実定法自体の存在である。とりわけ、労働基準関係の立法が重要であり、ほとんどが強行規定なので知る必要性も高い。

以上の諸側面のうち、第1と第2は個人的資質・能力の向上である。第3は社会的支援、第4と第5は制度的仕組みの整備といえる。権利実現を目的とするワークルール教育としては第1と、第2が中心となる。もっとも、第3以降の側面についてもその理解にもとづくという点では第1の問題でもある。

　次に、よりリアルに労働者サイドから見た権利主張・実現のプロセスを考えると、具体的には以下の事項が問題になる。職場や働くことの意義が問われることにもなる。

① 　基盤的知識・態度

② 　紛争化を回避し、紛争化した場合に解決する知恵・知識

③ 　ベーシックなワークルールの知識

④ 　具体的事案に関する法的な知識

⑤ 　裁判レベルでの法的知識

①の「基盤的知識・態度」は、社会的仕組みや働くことについての基礎的な知識・態度といえる。もっともベーシックなのは自分の考えを適切に表現し、相手の立場を理解する能力である。他人と最低限の信頼関係をもつことも重要であり[2]、「働く自信」といえるかもしれない[3]。

　②の「紛争化を回避し、紛争化した場合に解決する知恵・知識」は、具体的な利害状況に応じて適切なコミュニケーションをする能力といえる。適切さがとくに必要になるのは、対立する場合である[4]。また、コミュニケーション能力とは、「コミュニケーションが不調に陥ったときに、そこから抜け出すための能力」ともいえる[5]。

　しかし、実際には、職場において目立たないこと、対立しないことが志向され[6]、それが自分らしさを維持するための自己防衛となっている場合が多い。「自分らしさとはなにか」、というような問いを発しないことによる自己防衛に他ならない[7]。権力サイドからみると、「コミュニティ権力の構造として、不満を抱いて当然な状況下にある人々の選好形成過程に影響を及ぼしそれらの人々が不満を抱かないようにする力」といえようか[8]。

　①②は社会人基礎力ともいうべきものといえる。このような能力が適

正に獲得されていなければ実効性のあるワークルール教育はできない。法的な世界の基盤ともいえる。この点については、法社会学にいう「法使用」という発想が示唆的である[9]。それによると、法使用を規定する因子として、①人格因子、②資源因子、③環境因子、④制度因子、があげられている。ワークルールとの関連では、③環境因子とされる、非公式処理のメカニズムの存在、周囲からの否定的サンクション、当事者間の社会関係、が重要であろう。労使関係を対象とした本格的な研究が待たれる領域である。

　③の「ベーシックなワークルールの知識」は、労働法の全体的な知識であり、労働契約、労働条件の基礎的ルール、雇用終了、団結権等のアウトラインである。この知識がなければ④以降の問題に適切に対処できない。法の全体システムをある程度理解していなければ、個別裁判や法理の意味を適切に理解することは不可能である。

　④の「個別的テーマに関する法的な知識」としては、労働時間については、労基法上の関連条文・規定、ハラスメント事案については労働者人格権のアウトラインを知る必要がある。条文以上にどのような利益・権利がなぜ保護されているか、さらに関連した重要な裁判例の知識が重要である。法学部における「労働法」の講義内容といえる。

　⑤の「具体的裁判レベルでの法的知識」としては、紛争化し明確な対立状態になれば、関連裁判例や学説についての詳細な検討も必要になる。また、具体的紛争を前提とした、事実関係の解明・理解、相手側の主張への理解、反論の仕方等も要請される。ロースクールのケーススタディや実務研修レベルといえようか。

　③以降がワークルールに関する法知識といえる。⑤は弁護士等の専門職レベルである。ワークルール教育では労働者の置かれた状況に応じて主に③④が問題となり、学校教育ではとりあえず③が中心となる。

　なお、教育の仕方について次の諸点にも留意すべきものと思われる。法律論に特化した教育だけならば労使紛争の適切な解決ができないからである。

　第1に、③が適切になされるためには①②、とりわけ②の教育が不可

欠である。また、①②と③とを架橋するような知識、たとえば労使関係、労務管理、労働運動等に関する理解も必要とされよう。ワークルールが機能するフィールドに関する知識といえる。また、ハラスメント事案は人間関係的紛争ともいえるので、その点に関する洞察も不可欠である。はっきりいえば、労使紛争の多くは法理だけでは解決できない。「解決」の意味如何であるが。

　第2に、②に関する教育をどうするかは最大の難問である。それを独自に教えることは難しい、とりわけ教室ではそうである。したがって、⑤のような明確な対立状況にある具体的紛争を想定したケーススタディが有用といえる。抽象的一般的な論議だけでは十分な理解が得られにくいからである。具体的なストーリーの中で労使がどのような主張を戦わせたか、裁判所がどう判断したかをリアルに感じることができるからである。その点、労働判例には教材となる事例が豊富にある。しかし、それを適切に指導する力量のある教師は少ない。

　第3に、ワークルールを教える教師に関しては少なくとも④レベルの知識・能力が必要である。そのためには裁判例の捉え方を中心としたシステマッチクな長期の研修を要する。テレビの特番や新聞報道でお茶を濁すようなワークルール教育ならば別であるが。

## 2　ワークルール教育として何を教えるか──一つの試み

　ワークルール教育として何を教えるか。これは対象者の年齢、経験、教育レベル、実際のニーズ等によって違いがある[10]。また教育主体の能力や資質によっても異なる。全体的にはまさに試行錯誤の段階である。ここでは高校または専門学校、大学教養で③レベルの講義をすることを想定して検討したい[11]。

　基本は労働法の体系からのアプローチとなる。とはいえ、その体系については論者による違いがあり、また関連してどのような事項を教えるべきかも多様な立場がある。一つの試みとして拙著『教室で学ぶワークルール』（旬報社、2012年）により、そのポイント（利用の仕方、内容）

だけを紹介する。

まず、同書を使うための前提。

「本をどのように読むか、使うかは本来読者の自由です。ただ、この本は、『教室で学ぶ』と銘打っているとおり、できたら教室で、授業とディベートのために使ってほしいと思います。外部の講師と先生とがコラボの授業をし、それを踏まえて生徒が討論することになればすてきな試みであると考えます。そのためには、自由に議論をできるクラスの雰囲気や信頼関係、さらに法律問題をかみ砕いて説明する能力が先生に必要とされます。クラスで議論できる雰囲気をつくることは、教師の基本的な資質ではないかと考えます。また、授業以外でも友人や家族で話し合うことを期待します。ワークルールは、親の世代のほうにとっても必要な知識といえるからです。」(6頁)

「自由に議論をできるクラスの雰囲気や信頼関係、さらに法律問題をかみ砕いて説明する能力」がポイントといえる。アクティブラーニングの前提でもある。

さらに、ワークルールを学ぶ目的については、「議論することによって自分の考えを持ち、深めるとともに考え方の多様性を認める態度を身につけます。同時に、働くことや社会のあり方も考えます。」(8頁)と論じている。

全体の構成。

「全体の構成は三部からなります。

第1部では、ワークルールの全体像とそれがどのような状況下で問題なっているか。また、働くことや法的な考え方とは何かを考えます。それらを理解していなければ、ワークルールの実際の意味は適切にわかりません。

第2部では、主要なワークルールについて取り上げます。具体的には、(1) 採用過程、(2) 労働契約上の権利・義務、(3) 職場での自分らしさの確保、(4) 労働時間、(5) 賃金、(6) 労働災害、(7) 解雇の制限、(8) 有期雇用の更新、を考えます。

第3部では、問題に直面した場合の対処方法を、労働相談と労働組合

の利用の観点から考えます。」

　一応労働法全体を網羅している。通常のテキストと違う点は、法的な考え方や労働相談の仕方について触れていることである。いずれも、権利実現のためには留意しておくべき事項だからである。

　以上のテキストはやや網羅的になっているので、契約法に特化して基本的なことを教えるとなると、「契約的世界と労働条件の確保」という構成になる。具体的には次の3つの部分からなる。

　第1は、労働契約法として、求人票、労働条件通知書、労働契約書、就業規則についての法的な理解と実際の読み方を知る必要がある。合意の意味と効果、つまり労働契約上の権利・義務の理解といえる。契約主体としての自立や自己責任を適切に教える必要がある。これが一番教えにくいかもしれないが。

　第2は、労働条件の最低基準ルールとして労働時間につき労基法、最低賃金について最賃法（地方の最賃額）、さらに主要な実定法を知る必要がある。

　第3は、中間的な合意をめぐる信義則・濫用ルールについても知る必要がある[12]。業務命令のあり方や作業上のミスを理由とする使用者からの賠償請求についてのルール等である。とはいえ、この領域は個別事案を前提とした判例法理なので、その内容を一般的なルールの形で理解することも教えることも難しい。使用者からの弁償要求についてはいわゆるブラックバイトの事案としてよく質問されるが、正確に教えるのは至難の技である。専門家でなければ判例法理を正確に理解し、教えることは難しい。

　第4は、雇用終了に関するルール、解雇や退職さらに有期雇用に関する法理を知る必要がある。

　全体としてみると、第2の強行規定は、基準として明確であり、合意に優先するので合意（契約の自由）との関連での説明はしやすく、それなりに教えやすい領域といえる。最近のワークルール教育がこの点を中心に展開していることも理解できる。しかし、ワークルールの出発点はあくまで契約上の合意なので、第1と第3との理解、関連が問題になる。

学会のホットな争点である契約締結（変更）時における合意の「真意性」問題がその典型といえる。

　この点につき、法理自体が未確立であるが、少なくとも次の3点の解明は必要になろう。ワークルール教育でどう教えるかの問題でもあり、どのような「労働者像」を想定するかの問題でもある。

　その1は、合意の真意性レベルの次元である。具体的には、①使用者サイドによる適切な情報開示・説明、②明確な合意の存在、たとえば書面化、③合意内容についての理解にもとづいた納得、が必要といえよう。①②の基準はそれなりに明確であるが[13]、③をどう考えるか。契約法理はおそらく①②→③とみなし、③自体を独自に問題にすることはなかったと思われる。③については、実際にはノーといえるか、ノーといった場合のリスクをどう考えるかという交渉力が問題になる。どのような労働者像を想定するかの論点ともいえ、ワークルール教育でどう教えるかははっきり言って未解明・未解決といってよい[14]。そのような問題関心も希薄である。

　その2は、就業規則法理の次元である。実際に労働者の権利・義務は就業規則によって定まっているのが一般的であり、それが労働契約と密接な関連をもっている。したがって、就業規則の作成・変更手続きに関する労基法の関連規定（89条、90条）および就業規則の効力に関する労働契約法の関連規定（7条、10条、12条）は知る必要がある。ワークルール教育としては、具体的な労働契約書と就業規則のモデルでも使い、具体的ケースを想定した授業が有用であろう。リアルな職場認識とともに就業規則法理の正確な理解も必要とされる。

　その3は、交渉力の次元である。労働契約の特徴としては交渉力の格差があげられる。その格差故に、合意内容たる労働条件が労働者にとって不利になり、使用者に広範な業務命令権が付与される結果になる。そこで、労働者サイドの交渉力につき次のような3つの仕組みが想定されている[15]。①労基法等の最低労働基準の設定、②エンプロイアビリティーの向上や合意をしないもしくは退職をするとのプレッシャー、③労働組合の結成・活動等の団結権・団体行動権の行使、である。さらに、

④問題のある企業に就職しないという選択肢も見逃せない[16]。②は主にキャリア教育の対象であるが、①③④に関するルールは、まさにワークルール教育の対象でもある。とりわけ、③について教えることはかなり困難である。

## 3　ワークルール教育がなぜ身近なものにならないのか

ワークルール教育の必要性に関する社会的機運は醸成しつつあり、具体的試みも続けられている。しかし、社会的関心はイマイチであり、ワークルール教育推進法の立法化の動きも停滞している。では、なぜワークルール教育の必要性が社会的に強くアピールしないのか。なぜ、身近なものとして関心をもたれないのか。ここでは以下の3つの観点からその理由を考えてみたい。ここでは日本社会のあり方自体も問われることになる。あまり明るくない現状ではあるが、将来展望のためにはおさえておくべき事柄といえる。

### (1) 教育の構造

ワークルール教育は、まさに教育の一環である。教育、とりわけ学校教育のあり方については、多くの課題が示され、「主体的、対話的、深い学び」のアクティブラーニングが提唱されている。正直言っていまさらの感があるが、しないよりはいい[17]。

ワークルール教育は、まさにこのアクティブラーニングの一つの試みといえる。しかし、学校的世界でこれを意味のある形で実践することは以下のような事情から必ずしも容易ではないと思われる。

第1に、生徒の主体性の確保は困難である。受験勉強的学習環境では、受験を目的とした「主体的」学習はともかく自分を見つめ社会の中で位置づける自主性は生まれにくい。学校において本気でそれを生徒に期待しているかは疑問である。さらに教師に対しても主体性はそれほど期待されていない。主体性のイメージは、せいぜい企業社会における「やる気」、指揮命令下における「自主性」のレベルといえる。それを超えた

主体性については学校の管理能力を大きく超える。

　第2に、生徒はおしゃべりはともかく対立関係下における対話は不得意である。就活用のコミュニケーション能力の養成はなされているが、対話というより相手（会社）に寄り添う、もしくは相手の機嫌を損ねない態度が重視されている。実際にも「『コミュ力』が、必ずしも適切な自己主張とか、議論・説得の技術などを意味しない」、大切なのは「場の空気を読む能力」「笑いを取る能力」といわれている [18]。

　さらに、優しい関係を形成するためにある種の高度なコミュニケーション能力が必要であることも次のように指摘されている。「彼らは、複雑化した今日の人間関係をスムーズに営んでいくために、彼らなりのコミュニケーション能力を駆使して絶妙な対人距離をそこに作り出している」[19]。

　また、学校的世界で根強い「正解主義」も意味のある豊かな対話を阻害している。たとえばディベートの仕方をみても、その内容は知識中心になりがちであり、相手の立論を踏まえた丁々発止の議論はどうしても下手である。正しい答えはない、もしくはわからない、という立場から相手との話し合いを通じて正しさ（らしきもの）に接近する態度はみられない。どうしても勝か、負けるかを強く意識している例が多いようにみうけられる。教師がそれを判定するようになれば最悪である。

　第3に、深い学びは、なにをもって「深い」といえるかが明らかでない。一応、理論的に精緻か、社会的に説得力があるかの2つの立場を想定しうる。ワークルール教育は後者に関連するが、第1、第2で述べたところから絶望的な状況といえる。さらにワークルールに関する教師の知識・認識不足も否定できない。同時に生徒の社会的問題についての関心のなさや学習能力の低さも決定的であり、低さを問題視しない開き直りもしくはあきらめの態度も顕著である。「学ぶ」姿勢が無いといってよい。このような生徒に対し短期間、まして出前授業でワークルール教育をすることは不可能である。

## (2) 職場の抑圧構造

前述のとおり職場には、労働者の自立や尊厳を害する抑圧構造があり、これはワークルール教育の必要性を示す事情である。仕事や職場、労働についてのリアルな教育は十分になされておらず、会社において自分（たち）を守る制度的仕組みやスキルについての学習も不十分である。

同時に、この抑圧の多様な側面が解明されていないことが意味のあるワークルール教育の形成を妨げている。それでも強行法規（違反）に関する議論、教育は基準の明確性からやりやすい。しかし、契約規範との関連における自立や自己責任については、その表現形式や会社へのインパクトから多様な形で抑圧される傾向にある。ハードとともにソフトな、さらに同僚からの抑圧行為もなされ、その全体の構造の解明がなされていないので、職場において適切にワークルールを教えるのが困難になっており、身近なものになっていない。

ただ、職場は仕事をする場に他ならないので、一定の強制・抑圧は不可欠といえる。ただ、それにより労働者の健康、人格や尊厳を害することは許されない。パワハラ紛争はその典型であり、デリケートな事案になるとワークルール教育上の難問といえる[20]。

## (3) 同調圧力——忖度と無関心

社会意識的にみればワークルールの定着を阻害しているものは対立状態を許さない強固な同調圧力といえる。自主性や多様性が重視されてはいるが、多くは建前のレベルであり異端や対立関係は好まれてはいない。とりわけ、職場では明確な上下関係が形成されているのでより顕著に表れている。

関係の形成につき、議論や対話よりも責任関係が明確にならない「忖度」が好まれ、忖度のリスクを回避するためには無関心を決め込むことになる。忖度と無関心が社会生活上のスキルとなる。いずれにしても、自立した主体同士の健全な関係の形成は難しくなる。

もっとも、個人に着目する風潮も出ており、その点では同調圧力が弱

まっている側面はある。しかし、個人「主義」という一貫した生き方で
はなくその時々の個の感情を重視する生活態度として現象している。ま
さに、「社会の一員として共通のルールに服する互換可能な個人ではな
く、各自の判断を絶対視し、欲望の実現のために手段を選ばない絶対的
な個を主張する」わけである [21]。

　また、社会的関係の形成についても特に若い世代については、彼らが
求めてやまない純粋な関係とは、思想や信条のような社会的な基盤を共
有した関係や役割関係ではなく、「いわば直感的な感覚の共有のみに支
えられた情緒的で不安定な関係であ」り、互いの関係を客観化し相対化
する精神的余裕もない、と評されている [22]。この「直感的な感覚の共
有のみに支えられた情緒的で不安定な関係」はメディアでのバッシング
やネットでの炎上現象の基盤ともなっている。

　連帯になるとより絶望的な状況である。連帯の基盤である平等意識に
ついては、「平等への要求はかってないほど先鋭化していますが、その
平等を実現するための、他者との連帯・共闘の道筋は不透明になるばか
り」と指摘されている [23]。組合活動が沈滞する理由でもある。

1）　特集「労働法のエンフォースメントを考える」季刊労働法 234 号（2011 年）、山
　　川隆一「労働法の実現手段に関する覚書」西谷敏先生古稀記念論集『労働法と現
　　代法の理論（上）』（日本評論社、2013 年）75 頁、同「労働法における法の実現手法」
　　佐伯仁志編『現代法の動態　第 2 巻　法の実現手法』（岩波書店、2014 年）、特集
　　「違法労働」日本労働研究雑誌 654 号（2015 年）等参照。
2）　山岸俊男『安心社会から信頼社会へ』（中公新書、1999 年）29 頁。
3）　求職型の支援機関来所の主目的は、「働く自信」をつけることと言われる。工藤
　　啓・西田亮介『無業社会──働くことができない若者の未来』（朝日新書、2014 年）
　　140 頁。
4）「対話」なしの「会話」志向であると指摘されている。中島義道『〈対話〉のない
　　社会──思いやりと優しさが圧殺するもの』（PHP 新書、1997 年）105 頁。労働相
　　談の仕方も重要である（拙著『ワークルールの論点──職場・仕事・私をめぐっ
　　て』（旬報社、2019 年）196 頁）。
5）　内田樹『街場の共同体論』（潮出版、2014 年）166 頁。
6）　赤坂憲雄『排除の現象学』（ちくま学芸文庫、1995 年）39 頁。
7）　拙著『教室で学ぶワークルール』（旬報社、2012 年）21 頁。
8）　和田仁孝編『法社会学』（法律文化社、2006 年）61 頁。
9）　六本佳平『法社会学』（有斐閣、1986 年）255 頁。
10）　どのようなニーズがあるかとの関連において、ワークルールの知識・理解の程

度を知る必要もある。ワークルールに関する知識の有無・理解度についての調査は多い。村中孝史・Th.トーマンドル編著『中小企業における法と法意識』(京都大学出版会、2000年) 69頁以下、原ひろみ、佐藤博樹「労働組合支持と権利理解」中村圭介・連合総合生活開発研究所編『衰退か再生か——労働組合活性化への道』(勁草書房、2005年) 47頁、佐藤博樹「権利理解と労働組合——組合効果のアピールを」連合総研『バランスのとれた働き方——不均衡からの脱却』(エイデル研究所、2008年)、「労働関係法制度の知識の理解状況に関する調査」(2009年報告書所収)、連合「学校教育における『労働教育』に関する調査」(2014年11月20日)、梅崎修=上西充子=南雲智映=後藤嘉代「大学生の労働組合認識とワークルール知識が就職活動に与える影響」日本労働研究雑誌655号 (2015年) 73頁等。憲法上団結権が保障されていることに関する知識の経年別変化については、NHK放送文化研究所編『現代日本人の意識構造 第7版』(NHK出版、2015年) 86頁。それによると認知度は22%にすぎない。また、労働条件に関する不満についても静観する割合が52%、組合で活動するという割合が17%である (94頁)。

11) ひとつの試みとして、日本教職員組合『高校カリキュラム再構築と労働教育——「普通職業教育」のすすめ』(アドバンテージサーバー、2009年)。非正規雇用をみすえたキャリア教育の内容については、児美川孝一郎『キャリア教育のウソ』(ちくまプリマー新書、2013年) 154頁、多様な教育実践については、川村遼平「Noと言えない若者への支援と労働法教育の取り組み」大原社会問題研究所雑誌682号 (2015年) 1頁、多角的に職業教育のあり方を「職業教育総論」として論じたものとして、熊沢誠『若者が働くとき——「使い捨てられ」も「燃えつき」もせず』(ミネルヴァ書房、2006年) 164頁参照。また、厚労省サイドの試みとして、『「働くこと」と「労働法」』、『「はたらく」へのトビラ』、『社会人として働き始めてからの労働法』がある。

   なお、法教育の実際は、「法律専門家養成のための教育プログラムの縮減版」という評価もなされている。(松村良之=村山眞維編『法意識と紛争行動』(東京大学出版会、2010年) 50頁。

12) 憲法規範との関連については、唐津博「労働契約試論」労働法律旬報1798号 (2013年) 32頁。

13) ①②は、使用者サイドの説明義務ともいえるので、使用者にとってその点に関するワークルール教育が必要といえるかもしれない (たとえば、「労働者 (求職者を含む) からの情報取得と人事管理上の諸問題」経営法曹研究会報80号〈2015年〉参照)。また、ハラスメント事案や業務命令の適否が争われる事案では濫用性の判断が中心となり使用者の一定の配慮義務が問題になる。したがって、この点についての法的な知識・労務管理的資質とともに人間的な能力・資質も問われる。使用者が以上のような力量をつけることは職場風土の改善とともに労働者の自立を促す結果ともなる。

14) 西谷敏「不利益変更と労働者の『納得』——一つの覚書」季刊労働法210号 (2005年) 7頁参照。「弱者のコンテクストを理解する能力」といえようか (平田オリザ『わかりあえないことから』(講談社現代新書、2012年) 183頁)。

15) 大内伸哉「労働契約における対等性の条件」西谷敏先生古稀記念論集『労働法と現代法の理論 (下)』(日本評論社、2013年) 428頁参照。

16) 法違反が顕著な企業に対してハローワークが職業紹介をしないことが考えられている (青少年雇用安定法11条)。

17) アクティブラーニングの問題点については、小針誠『アクティブラーニング

——学校教育の理想と現実』（講談社現代新書、2018年）206頁。「受動的・他律的、雑談的で浅い学び」258頁になる可能性は否定できない。なお、具体的な試みとして、野村美明＝江口勇治＝小貫篤＝斉藤宙治編『話し合いでつくる中・高公民の授業』（清水書院、2018年）。

18）斉藤環『承認をめぐる病』（日本評論社、2013年）21頁。

19）土井隆義『友だち地獄——「空気を読む」世代のサバイバル』（ちくま新書、2008年)47頁)。しつけや保育においても「自尊心」や「正義」よりも「思いやり」と「すなお」であることが重視されている。なお、職場における「洗練された」コミュニケーション文化については、山田陽子『働く人のための感情資本論』（青土社、2019年）27頁。

20）問題状況は、拙著・前掲『ワークルールの論点』100頁参照。

21）居神浩「ノンエリート大学生に伝えるべきこと」日本労働研究雑誌602号（2010年）31頁。

22）土井・前掲『友だち地獄』（ちくま新書、2008年）164頁。

23）宇野重規『〈私〉時代のデモクラシー』（岩波新書、2010年）41頁。

## あとがき

　ワークルール教育の主要な担い手は、弁護士・社労士の専門職や高校の教諭である。労働法の研究者は少なく、それほどの関心も示されていない。実際にも、日本労働法学会のミニシンポジウムのテーマとしてワークルール教育のあり方を企画委員会において提言したさいにはその重要性を認める立場はすくなかったと聞く。当時の企画委員の小樽商科大学の國武英生先生の精力的な働きかけで実現はみたが、それでも全体的な関心は低いままであった（シンポジウムの内容は、「ワークルール教育の意義と課題」日本労働法学会誌 126 号〈2015 年〉59 頁）。それは現在でも大きく変更してはいない。

　最後に、ワークルール教育の意義、とりわけ研究へのインパクトについてふれてみたい。自分の経験にもとづいた実感でもあるからである。

　法の研究のためには理論的な精緻さと説得力が不可欠である。この精緻さについては、とりわけ労働契約法理論の展開は注目される。注目すべき判例法理の出現もあり、学会での議論も活発である。しかし、そこで想定されている「労働者像」についてははっきりしていない。議論が混迷しているというより実際の労働者をどうとらえるかという問題関心もおそろしく希薄である。研究者による研究者のための議論になっている。

　それはそれで一定の意義はあるが、生の事実関係をふまえて判例法理を将来的にどう生かすかというリアルな事態になるとお手上げである。裁判規範と行為規範の距離はおそろしく広くなっており、実際の労使に適切に法、とりわけ判例法を教えることは難しくなっている（いわゆる出前授業の経験では、不利益変更合意の真意性や労働者に対する使用者からの損害賠償義務のあり方がその好例である。団結権の意義や権利性についてもそうである）。

　理論的に精緻さを追求すれば説得力に欠けることとなる。ワークルール教育は、この架橋を果たすことを目的とする。では、説得力とはなにか。法の世界では理論と連動した説得力ということになろうが、ここで

は実際の労使の感じ方に見合う説得力－普通の労働者が納得することを想定している。

　具体的には、どのような労働者像を想定するか。一般的には、交渉力・情報収集能力が劣る、その点では従属労働（者）といえる。労働契約のメルクマールに他ならない。一方、市民的自由の担い手でもあり、自尊感情を持つ自立と自己責任の主体でもある。

　この両者を関連づける視点は、自立した判断主体になるための基盤に着目することであろう。つまり、自立の前提として、それを支える社会的仕組み、教育・社会的支援のあり方さらに一定の経済力が不可欠である。同時に、働き方についても、指揮命令権の権力構造とともに自己実現を図るという勤労意欲、というよりモチベーションにも注目する必要がある。自立しつつ会社に取り込まれるところに仕事の実際のおもしろさがあるのかもしれない。また、職場の位置づけについても、権力構造的な側面とともに実際に同僚として働いているところに連帯の契機がある。この多様な側面を踏まえて業務命令や労使間合意の効力を評価する必要がある。それを通じて法理論的精緻さの内実を明らかにし、労使に共通の了解・価値観の形成を促進すべきものと考える。法律家でない普通の市民のセンスを重視するわけである。その点からは、裁判を起こさない、もしくは起こせない人へのまなざしも見逃せない。

　同時に、労働者間の連帯の基盤にも留意する必要がある。ワークルール教育はとりあえず個別労働者に着目しその権利実現を指向するものである。しかし、権利内容の充実化のためには一定の交渉力（集団化）が不可欠である。このための連帯をどう教えるも重要である。

　ワークルール教育は、研究者にとっても奥が深い。

**著者紹介**
**道幸哲也**（どうこう・てつなり）

北海道大学名誉教授。一般社団法人日本ワークルール検定協会会長、NPO法人職場の権利教育ネットワーク代表、北海道労働委員会元会長、日本労働法学会元代表理事。主な著作に、『労使関係法における誠実と公正』、『15歳のワークルール』、『教室で学ぶワークルール』、『ワークルールの論点』（旬報社）、『不当労働行為救済の法理論』（有斐閣）、『不当労働行為法理の基本構造』（北海道大学図書刊行会）、『労働委員会の役割と不当労働行為法理』、『労働組合法の応用と課題』、『労働組合法の基礎と活用』（日本評論社）など多数。

**ワークルール教育のすすめ**

2020 年 6 月 5 日　初版第 1 刷発行

| | | |
|---|---|---|
| **著　　者** | 道幸哲也 | |
| **装　　丁** | 坂野公一（welle design） | |
| **発 行 者** | 木内洋育 | |
| **発 行 所** | 株式会社 旬報社 | |
| | 〒 162-0041 東京都新宿区早稲田鶴巻町 544 | |
| | TEL 03-5579-8973　FAX 03-5579-8975 | |
| | ホームページ　http://www.junposha.com/ | |
| **印刷製本** | シナノ印刷株式会社 | |